喚醒 天生好命

啟動靈魂原力的12堂課
讓好事自動歸位，輕鬆改寫未來命運

Osel
宇色
著

高寶書版集團

目錄
Contents

自序／
現在，是塑造命運的時刻

在二〇二三年十一月，我踏上了飛往英國倫敦的航班，這已經不知道是我人生中第幾次的遠行。當飛機在跑道上緩緩拉升離開地面，眺望窗外的房屋逐漸縮小，一股感恩之情湧上心頭。

我現在身兼靈修者、靈元院創辦人與作家身分。我對目前的生活充滿感恩，它們是我從小夢寐以求的生活方式。現在的我，已經達到財務自由的階段，除了因興建靈元院[1]所需的貸款外，沒有其他私人的債務負擔，財務穩定且持續增長。即使面臨全球經濟不景氣與混亂的時刻，我也無需擔心被裁員或失業。在人際關係方面，

1 靈元院是我個人的修行場域，同時也是一間專為靈修人所開創的靈修場所，始於二〇二二年。

朋友都非常關心且信任我，同時我也給予他們許多心靈上的協助。在生活中，甚少有人或事物能夠造成我心靈上的困擾，親情、愛情和友情從未給我帶來煩惱。在別人眼中看似平凡的一切，卻讓我對靈修與我的靈界導師——無極瑤池金母充滿感恩之情[2]。

二十多年前，偶然之下靈修找上了我[3]，回顧這不算短的歲月中，靈界導師教導我許多珍貴經驗，並建立起讓我脫離既有命運束縛的觀念，使我成為一名真正的靈魂覺醒者。靈魂的覺醒，讓我擁有超越尋常的敏銳思維，以一種超然的方式來看透生活的紛擾，它賦予我將修行經歷轉化為生命轉捩與心靈昇華的能力。在靈修的旅程中，我經歷了許多難忘的時刻，有些美好、有些則令人不愉快，甚至令人感到恐懼或危險。

然而，這些經歷都是修行的一部分，也是讓我更加認識自己並深化靈魂覺知的重要途徑。我將這一切視為轉化靈魂意識的修練祕法。在靈修中，我需要全神貫注地觀察與體認身心變化，保持超脫且不批判的態度，讓自我空靈以求轉化新生，並

2 本書中所教導的方法均適用每個人，因此後文中將無極瑤池金母統一稱呼為「靈界導師」。

3 關於此段故事請參閱《我在人間與靈界對話》、《我在人間的靈界事件簿》，柿子文化出版。

將這覺醒融入日常生活之中。靈修以一種超然的姿態讓我學習放下舒適圈以及成見，臣服於無法忽視的世界多元性和複雜性。這些年的靈修經驗豐富了我的生命視野，也讓我有機會提前經歷一般人可能需要數年之後才能達到的靈性成長。

每個人的生命都如同一部精心策劃的劇本，每一幕場景、每一個橋段，都是在為未來的人生鋪路。

我出生在一個貧困家庭，從小就必須努力工作支應學費。在我人生經歷中，從事超過二十多種不同的工作。這些工作涵蓋了各種領域，如木工製作、廟口賣金香、便利商店店員、鞋版印刷、食品加工、飯店服務生、婚宴辦桌端菜、攝影與剪輯助理、演員以及化妝師等等。這些工作不僅讓我賺取到我的學費，也讓我深深體會到人情冷暖，更學會了洞察言語背後隱藏的深層涵義。眼尖的讀者一定可以從我以上的人生經歷猜想出，我的求學階段絕非一帆風順，必須努力工作才能籌措足夠的學費攻讀到研究所。雖然也曾埋怨過生命不公，別人過著歡樂童年，我從小卻要為賺取學費而打拚，但反思這段經歷帶來的現在的生活和心靈狀態，我卻充滿無限感激。

我必須說，現在生活中的一切都源於靈修中所體悟到的觀點，並加以實踐。這些觀點不僅改變了我，也塑造了我現在的生活，更賦予我一切。也因為靈界導師的教導，讓我體證到無論我們身在何處、面對何種挑戰，或在生活中遭遇何種經歷，它們最終都將成為滋養我們靈魂不可或缺的養分，也正是這些獨一無二的經驗，才能塑造出與眾不同的我。

在此，我要跟你分享一則我改寫未來命運的故事，這個故事的重點其實就是本書的核心精神——在寂靜中等待宇宙天命旋律的共振，讓美好事物自然地歸位，輕鬆地改編未來的命運。

多年前，我首次求算四柱八字時[4]，選擇的命理師是我一位友人的朋友。他是一位文學博士，深入研究命理、占卜和古文學，曾在大學任教，對命理有著狂熱的研究精神，後來他辭職專心研究命理並以此為業。然而，我友人深知他這位朋友的個性，預言他開業撐不過三年。曾有人因流年諸事不順，希望透過他以祭祀尋求改運，但他卻當著客人的面直言：「祭祀如能改命，什麼事都不用努力了。」正因為

4 我的信仰是台灣啟靈學，但在卜筮方面的研究卻是以西方塔羅牌、鍊金術為主，對於東方的命理不甚清楚。

他的坦率直言、不巧言令色，且不以江湖術士之詞忽悠人，外界對他的風評不佳，再無人前來算命。果然如我友人所預言，他的命理職業只維持短短不到三年，不得不重返學校任教。

這位命理師對我的命盤分析，在個性、身體狀況、職業以及與家人的關係等方面大致上相當準確，但對於過去某些時間點的論斷，尤其是我接觸靈修之後的命運，他的分析卻與現實不符。命理師驚訝地表示，根據我的命盤，不應該有這麼大的命運波動。我告訴他，他並非第一位這樣說的人。過去幾年間，我曾請教其他略懂命理的朋友，他們也同樣說出類似的話，並在觀察我的命盤後對未來做了一些預測。然而多年過去，後來發生的事並未如同他們的預言，而這位命理師當時對於未來種種事件的預測，如今依舊沒有發生。

他自稱是敏感體質，能夠看見鬼神並感應到無形眾生，聽完我的陳述後，他閉上眼睛，沉思良久，然後開口告訴我，他一看到我就感受到在我身旁聚集了無數的高靈。此時談話過程中，身旁就已經有許多靈界眾生在關注我們的對話。或許正因如此，他對探知命理和宇宙奧義的研究充滿熱情。他問我是否具有靈通體質，我坦承並簡要描述了我這幾年來的靈修經歷，聽完我的闡述後，他也分享了多年來對靈學的觀點。他表示：「如果你不走靈修之路，你無法改變這十多年的命運。」

他謙虛地詢問我，是否能夠請我代為請教我的靈界導師，關於我的命運與命盤不相符的原因，並指導他的心性和修行。我向他表示，這無需透過祂，在我們方才的對話中，我就已經能夠大致觀察出他這方面存在的盲點。我說完後，他驚訝地表示，從未有人能夠一眼點出他這些問題，畢竟他學習命理多年，自知一些不為人知的心性和個性。他自以為已經隱藏得很好了，他說：「我覺得你的靈界導師不想讓你再多說下去，但是，你真的是一名有神明保護的孩子。」

在這時，他突然反問我，疑惑為何靈界導師會選擇我作為祂的弟子。我簡潔地回應並做總結，告訴他：「靈界導師並非有目的性的選擇弟子，神靈是一種虛空存在，並不像人會主動挑選弟子。同時，人與神之間的關係，超越一般人所能理解的認知框架，是一種神聖的關係。如果我的人生有如此大的轉變僅僅是因為祂選擇了我，那麼豈不是抹殺了我對生命的努力？」

在我們長達兩個小時的對話中，我詳細地向他闡述了我在靈修中所體悟到四個改變命運的方法，這些方法主要源自靈界導師對我的教導。

第一、廣泛閱讀：許多的研究都已經證明，閱讀是改變一個人心性最直接快速的方法。例如：《日本經濟新聞》的調查顯示，會賺錢的人每個月的購書費相較其他人多出許多。這些富人階層閱讀的書籍多與商業相關，而他們的閱讀習慣對財富積累有著直接的影響。美國經濟雜誌的研究也得出了相似的結果：有八十八％的富人階層，每天會閱讀三十分鐘以上商業相關書籍。然而，年薪未達二點二萬美元的人，只有二％有閱讀習慣，這些數據清楚地顯示了閱讀與財富的關聯。

在《請問財富》這一本書當中，靈界導師就特別說明了閱讀如何改變一個人的命運。祂把一個人的靈魂比喻為一塊布，如果想將布染上其他顏色，你必須要先把它漂白。當它回到潔白無瑕時，再放到染缸後，染缸內是什麼顏色的染料，這塊布就會變成什麼樣顏色的布。這一道過程就像閱讀改變一個人的命運一樣，一本好書不只是文字的堆疊，而是一個人歷經多年之後的生命淬鍊與菁華。當心安靜下來、思緒沉澱時，不再帶著不安的思緒去閱讀，我們彷彿浸染於作者的靈魂意識之中。作者的寶貴觀念與生命經驗，間接影響了我們的靈魂意識。因此，當一個人想要改變運勢的時候，閱讀是一個最快的方法。

第二、植福田：植福田的概念是什麼？就是在做好事的過程中，觸發了靈魂意識流動的力量。這種無形的力量會推動命運，並且吸引好事來到我們的生命中，形成一種雙重效應。

植福田的力量不僅源於我們的善行，更在於這些善行如何推動我們的靈魂，吸引更多好事來到我們的生命中。這種過程，就像改變一條河流的流向一樣，需要逐步清除淤沙、調整渠道，才能慢慢改變原有河道的方向。只要我們帶著信念、喜悅和無私的心去做這件事情，所有的好事就會像磁鐵自然而然地靠近我們的生命。這種回流、改變命運的力量，將超乎我們的想像。這不僅是改變未來命運的內在密修之道，也是轉化心性、接應天命的轉變之路。[5]

第三、精進修行：它不一定涉及宗教的信仰。只要我們能夠做出符合本分的善行，並避免做出違背良心的惡行，這都可以稱為修行。任何正信的信仰，都可以成為我們的修行。修行就像在我們心靈深處建造一座燈塔，它照亮我們前方昏暗不明的道路，使我們的心得以安住，依照燈塔的指引前進；也像是一條鐵路，火車自然會沿著這條鐵軌行駛。依循燈塔與鐵軌的指示就是一種修行，它對我們身心有益，

---

5 關於這部分，我在《請問財富》中有更深入的探討，有興趣的讀者可參閱第十一章〈宗教上一直在教導我們布施的觀念，我們該如何看待？〉，橡樹林出版。

並且能夠約束我們混亂造作的心不越界，遵循它們，便能通往轉變生命，改寫命運的境界。修行的最高境界是達到與自己的本性合一。

第四、重寫靈魂意識：人生猶如由多個同心圓所構成的圓圈，外在所呈現僅為我們的個性、心性和人格特質，這些向外擴展的層面構成了我們的世界和命運的主要元素，而在其中最為核心的則是我們的靈魂。靈魂即是我們內在的神聖之所，是與神靈交通的渠道，亦是與宇宙連結的源頭。透過喚醒靈魂的覺知，得以探索生命更深入且多元的奧義，並在內在轉化中找到真正的自我。

改變命運的核心在於重塑靈魂的意識架構，由此改變我們的命運。西方煉金術與東方的煉丹術，強調透過外在和內在的經驗相互融合，創造出一種全新的存在，這一道程序便是改寫靈魂的DNA，達到深層的內在轉化，進而編織出改寫命運的全新境界。

在離去前，他對我說了這麼一句話：「你的命格已經被改過了，原初的命盤再也不適合你，這是你的靈界導師在背後幫你的緣故。」當下我並沒有立刻回答他，因為這句話中有很多地方需要進一步確認。

神祕的契合經驗再次降臨

當我回想起與命理師的這段對話時，前往倫敦的班機正從跑道上緩緩升起，穿越一層層厚重的雲朵。倏忽間，我被一股無法形容的平靜和妙樂所包圍，彷彿被帶往了另一個異度空間。這一刻，我心中湧現出無法言喻的感恩之情，充滿全身，我完全沉浸在這個空間中，處於一種空靈的狀態，一點肉體的存在也感受不到。神祕的力量引領我重新追溯過去，將我過去的生命和靈修經歷緊密地連結在一起。在如此超意識的狀態中，我突然將一切都串連起來，原來，生命中每一個片段、每一次轉折，都與我的靈修深刻相關。這種緊密的連結，使得靈修在無形中成為改變我生命的推動力，在我毫不自覺的情況下，它每天都在一點一滴間改寫我的靈魂意識，進而改變了命運的劇本。

我突然回想起，當時向命理師分享的四個改變運勢的方法，仍然不夠究竟。就如同德國哲學家尼采（Friedrich Nietzsche）在《查拉圖斯特拉如是說》所說：「萬物都是永恆回歸的，一切都會重複發生，不僅這一切，而且永遠都會重複發生。」這四個方法只是將你已經偏離的心性回歸正軌，讓現有生活更加完美，卻仍有其限制與制約，許多人一生忙碌奔波，最終卻發現生命總會回到某個起點。

輪迴的終極意義，是讓靈魂不斷地提升與進化，最終回歸自己的天命，並回歸我們最初分化的那一條靈，與之合一。正如我在《請問輪迴》中提到的：「修行人鍛鍊的最終目的並不是靈魂合一，而是回到那一條最原始的靈。」

人的生命如同宇宙星辰的軌道，無論你走得多遠，終究都將歸返於自己的天命本位。我們轉世來到人世間，努力在世間尋找自己的天命。雖然此時此刻的你或許不確定如何與它相接，也不確定未來的方向，但我堅信，每個人都與宇宙有著無形的能量連結。只要我們更頻繁地運用靈魂意識去感知這股能量，強化靈魂力量，並提升靈魂敏感度，我們就能活出一個充滿富足並且幸福的人生。

當你依循天命而行，生命中美好的事物將自動排序與靠攏，跳脫無盡重複的生命輪迴。這是改變命運的第五個方法，也是最高的奧義法門，更是讓我從靈修中體悟到改變生命的真相。這樣的真相，讓我心中充滿了感恩和喜悅。我漸漸明白，多年的靈修所塑造的思想和觀念，竟然為我人生的每一個階段帶來了莫大的轉變，也賜予我美好而富足的生命。當我回顧靈修每一個階段帶給我的轉變時，我驚喜地發現，每個人都有能力改變自己的命運，並讓生命自動排序，創造出一條吸引好運的軌道，成為宇宙眷顧之人。

我想強調的是，我和大家一樣，並非生於富裕之家，然而我對眼前所擁有的一切心懷感激。我深信只需在觀念中灌注一滴新思維，必能對未來產生巨大的變革。你無需向權力低頭，也無需犧牲自我，甚至不必沉迷於某種身心靈技巧或宗教教派，仍能擁有更美好的生活。這是上天賦予每個人創造命運的機會。透過多年的靈修經驗，我從中學到的是讓生命真正回歸自己手中，創造自己的命運。這並非指我創造多少有形的財富，而是能夠自由運用時間和生命，將力量用在我想要的地方。對我而言，快樂就是按照自己的天命過生活，而我所追求的正是這理想的生活方式。因此，我將靈魂視為一座夢工廠，它不僅實現了理想的生活，同時為身邊的人帶來幸福。這是我對生活的追求和期待，我也期望每位閱讀這本書的你，都能在其中找到改變命運的關鍵，將靈魂打造成一座實現夢想的工廠。

這本書十二堂課的架構大綱，是在飛往英國倫敦希思洛機場的十八個小時內，以一種無來由的超意識狀態快速自動排序編寫而成。在那次旅途中，我經歷了一些令人難以置信的事件。這些事件不經意地敲開了我記憶的大門，喚醒了我對靈界導師的靈修指導和過去的靈修經驗。然而，這些經驗所產生的觀念可能會挑戰和顛覆人們對生命、靈修、神靈和輪迴的常規理解。這些突如其來的想法湧現得驚人迅猛，有時我必須立即停下來，在路邊匆忙地用手機記錄下來；有時則是在睡前進入冥思，等到早晨醒來再逐一加以整理，這些訊息最終成為了這本書的內容。

所以，當你閱讀這本書時，你會發現它像是一本充滿神祕靈性訊息的書籍。這就是宇宙的奧妙所在，它會在你意想不到的時刻向你展示它的力量。就像我寫這本書時，讓我在旅行過程中無意間獲得了許多靈感，這些靈感讓我接觸到了更高深、令人感到不可思議的宇宙奧義，這是我與天命相契合的結果。

這本書的創作過程更猶如一場奇幻的旅程，每一堂課宛如一個驚奇的發現，每一個發現都讓我對生活有嶄新的領悟。當你翻開這本書的那一刻，每一個字、每一段話，都可能成為改變你命運的契機。

最後，我要感謝你在浩瀚書海中挑選了這本書，讓我有機會與你分享我的想法和經驗。也希望你能從這本書中獲得啟發和幫助，讓你的生命更加美好和豐富。

前言／讓靈魂成為自己生命的領航者

在這個物質世界中，我們都在努力奮鬥，追求成功並認識自我。然而，當我們累積了一定的社會經驗後，常常會遇到一道無法逾越的高牆，無論在事業、財務或家庭等各方面都因此感到挫敗和無力。這些遭遇讓我們不得不重新審視自己在世界中的位置，尋找解讀自己的新視角。

然而在生活中，我們有時就像一隻在滾輪上快速奔馳的倉鼠，不斷追逐著某個永遠不可能抵達的目標；有時又似一頭在沙漠中負重前行的駱駝，只能任憑主人牽引，毫無自主權，只為求得一餐溫飽。我們不斷努力拚搏，但卻無法讓幸福、平靜和快樂的這些美好事物自動地進入生活，只能讓過去不好的經驗順理成章地成為我們生命的一部分。這種無法達到靈性圓滿的狀態，如何用言語形容呢？也許是一種難以言喻的矛盾，或是一道我們無法掌控的迷惘與渴望所凝聚成的深淵，這就是靈性覺醒的起點。

此時，我們需要引入全新的觀念和意識，重新定位生活，並找到新的方向與目標。這就是我們在迷航困頓中尋得光明航道，使自己成為生命領航者的過程。我相信，你如果將這本書所教導的觀念，徹底地運用在你的生活中，它將成為你生命中的一個轉捩點，讓你成為神明眷顧之人。

生活在人世間，你無法避免處理生活中大小事情，這就是人生的一部分。然而，這並不意味著你應該隨波逐流而失去自己的自由意識。相反地，你應該學會掌握「喚醒靈魂原力」，這樣你就能夠控制自己內在的能量，並主導自己的生活與未來。最重要的是，你有能力將注意力放在重要且想要實現的目標上，而不再被那些不願意為自己的行為負責，卻喜歡評論別人的人左右。如果你追求的目標是活出真正的自己，你就更應該學習這本書所教導的觀念，將它們實踐在你的生活中，並且耐心地等待好事自動靠攏過來。這就是「喚醒靈魂原力」的意義。

當一個人的靈魂安定於內在、不妄為的時候，他能夠達到讓生命更美好的境界。當你真正活出自己，活出你應有的豐盛人生時，好事、善因緣以及正能量的朋友將會接踵而來。此外，當你的靈魂趨向天命軌道，靈魂便會釋放出良善且強大的靈能量，進而影響你的生命。這不僅會使你的生活變得更美好，也會影響著你的家人、朋友以及整個世界，使之變得更加美好。

本書的創作，部分靈感源自接收靈訊。這種創作方式涉及到靈性層面，透過與宇宙連結來獲得靈感與訊息，再將其轉化成文字。每當我完成一章後，接下來的內容和架構便像湧泉般自然湧現。這本書的內容、架構與資料彷彿早已存在於宇宙的某個角落，等待著我去發掘。其寫作風格也不同於我過去的作品，我將其定位為一本能改變命運、充滿神祕力量的實用指南。

本書所教導的靈魂意識鍛鍊法，讓你的生命不再只是一顆環繞行星的衛星。透過提升意識層，翻轉全新的生命觀，你的靈魂將成為一顆恆星，以自己的節奏運轉，而周遭的人、事、物將成為你的行星與衛星，忠實地依據你所設下的軌道在你身邊環繞，而你的心依舊靜如止水，這就是「喚醒靈魂意識」所產生的強大作用力。我們可以不受外在環境的干擾，對每件事情不再過度反應，讓好事自然歸位。這樣的轉變和調整使我們能更輕鬆地改寫未來的命運，不再被物質世界所束縛，而能找到內心的平靜和定位。在這個時代，喚醒靈魂意識至關重要，不僅能夠讓好事自動發生，更能輕鬆地塑造未來的命運。同時，這也是我們輪迴轉世的目標。

因此，我想向你提供閱讀這本書的注意事項與方式，建議你按照以下程序進行，逐步改變生活、開創更美好的未來並實現你的夢想。接下來，我們該談談如何實踐基本原則了。

首先，每個故事、每篇文章都是我在生活中的真實體驗，我希望透過這些經歷，教導大家如何提升自己的意識層次，在各領域達到更高的境界。我建議你按部就班地學習每一堂課的概念，特別是操練每堂課最後的「讓好運自動靠攏的修練法則」，並將其應用於日常生活。這樣的練習可以有效提升並且強化你的靈魂意識層次，在各個領域達到更高的境界。當然，每一堂課所教導的觀念可能會挑戰你的價值觀，但如果遇到困難，建議你停留在讓你感到困惑的部分，直到完全理解後再繼續往前閱讀下去。

其次，要達成這個目標，你需要有耐心和毅力，必須一步一腳印才能走向成功。你不能期待一蹴而就，你需要一塊一塊的磚頭、一層一層的堆疊，才能建造出你的夢想高樓。然而，這並不是一件容易的事情，你需要付出很多的努力和時間，才能看到成果。以我自己為例，當我夢想成為一名作家時，每天至少在網路上撰寫一篇文章或一本書的章節，藉此來鍛鍊我的寫作技巧與思考邏輯。長時間的練習之下，自然而然地增進了我對寫作的深刻體悟，使得寫作不再艱澀難以掌握。漸漸的，我能隨時隨地獲得無窮的靈感和創意，寫出更多的作品。但是，這還不夠，我還需要提升自我意識層，讓我在寫作時能快速獲得不同意識層的資訊，以最短的時間在不同意識層間自由轉化，以達到創作的更高境界。這本書就是以這樣的方式，教導你如何喚醒你的靈魂意識，讓你的夢想更加清晰可行。

在每堂課的最後都會提供你一道強而有力的「喚醒靈魂原力密咒」。這些語句適合所有人使用，不論信仰、背景或經歷如何，只要你敢於嘗試，必能從中獲得力量和啟發。根據個人需求和喜好，你可以自由挑選適合自己的語句，每天重複念誦或默背，讓它們成為你生活的座右銘。同時，你可以從我每章特別挑選的「強效心靈語句——讓好事自動歸位，輕鬆改寫未來命運」中，選用那些對你有益的語句，在親朋好友遇到困難時分享給他們，讓他們感受到你的支持和鼓勵。或者在緊急時，你可以閉上雙眼，虔誠地默唸你的問題後，翻開這本書，看看哪句話引起你的共鳴，那句話將會是上天為你指引方向的話語。

我希望透過分享我個人的靈修經驗和對靈性的觀點，提供正面臨這個階段的人們一道內在靈魂解方、一種嶄新的視角，讓你得以重新檢視自己的生命，並找到自己的價值與定位，這就是我寫這本書的目的。將低谷的人生扭轉成高峰，猶如對心靈的優雅鍛鍊，必須持之以恆，以全新的思維細緻地轉動大腦，使其展現出一種全新的風貌。衷心期盼你對這本書的內容有更深入的認識，你將逐漸發現生命中隱藏的種種奧祕，並從中獲得深刻的啟示和豐富的收穫。從你打開第一課開始，直至閱畢的這一段期間，請保持開放和學習的態度，因為只有如此，你才能真正理解和吸收這本書的精髓。

當你翻閱這本書，你將體會到章節之間如何緊密相扣，每一環節都與下一個環節息息相關，形成一個思想的連續體。在我的寫作過程中，沒有設定任何先入為主的立場，而是讓意識的流動自然引導我的筆尖。每一課都是在靈感的驅使下成形，主題自然浮現，內容隨之鋪陳。達到這樣的寫作境界並非難事，只需全然開放心靈，打破思維的界限和內心的屏障，讓意識自由流動。然而，當心靈的障礙遮蔽了我們的視野，使我們只能看見黑暗，便難以洞察內心一絲的明光。

從事任何事情，都需要先做好頻率校對，也就是對焦。這包括了心理和物理上的準備，以確保能夠順利並有效地完成任務，同時，抱持著相當嚴謹的態度來對待所要做的事情。閱讀本書時也是一樣，你需要理解並實踐每堂課所提到的思維，真正地應用於生活中。我希望你在閱讀這本書的過程中，能以完全開放的心靈去感受每一個字句。請在進入下一堂課前，將你的思緒完全沉浸於當前課堂之中，就如同進行一次心靈的「前行功課」。這樣，當你翻到最後一頁時，不僅夢想觸手可及，你的命運也將由你重新書寫，開啟一個無限可能的全新未來。

在這本書中，我將引用我之前的一些著作，其中包括靈界導師對我在靈修上的教導。當引用祂的話語時，會使用區別字體作為標示，協助你明確識別。每一段文章最後也會有幫助你進行日常修練的「喚醒靈魂原力密咒」。不論引用自我的著作或其他人的著作，抑或是靈界導師的教導，都是為了幫助你更清晰地了解這本書的核心——一位靈界導師親授改寫命運，讓好事自動歸位的十二堂究極課。

Part 1

改變視角，解構並重新認識宿命

第1課

超驗體驗，逆轉人生的鑰匙

每個人所見到的世界都是獨一無二的。我們的靈魂存在於不同的時空經緯，但同時也共處於同一個宇宙之中。從更高層次的視野來認識這個世界，將使生命煥然一新。我們的生命是由一個有限的框架組成，它是由我們過去生活中種種體驗、情感所編織出的一面網，交織著我們對自己、世界與宇宙的理解，以及思維藍圖、情感軌跡。

我們每一次的思考與感受，都會在框架中留下印記，並塑造出獨特的處世方式、信念及選擇。它既是我們的生命框架，同時也是我們命運的基石。

這個框架是帶給我們此生安全感和舒適性的來源，但它同時也是一種束縛。它定義了我們所認識的現實，卻也限制了我們看待事物的新視角。想要突破框架，就要意識到它的存在，並勇於踏出離開舒適圈的第一步。

卡爾・榮格（Carl Jung）曾說：「只有當你能夠深入自己的內心時，你的遠見才會變得清晰。凡是凝視外在的人，夢想著遙不可及的未來；而凡是凝視內在的人，覺醒於當下。」生命的框架具有難以自我超越的有限性，因此試圖以舊有的意識打破其限制是極為困難的。

我們一生都活在自己所設定的框架中，並認為這就是世界應有的樣貌，當我們意識到外部世界與我們的內在框架不同時，便會感到疑惑、不安、痛苦，因為我們看到的外部世界，其實受到了內在框架的限制。如果你想改變現在的框架，就必須擴展生命經驗的範圍與張力，同時跨越框架的侷限。

因此，你必須從一個超驗的世界中獲取與眼前所知完全不同的元素。當你獲取這些元素時，就能夠重新獲得上天原本賦予我們建造房子的權利，重新構築框架，打破由經驗以及有限事物構成的生命觀與世界觀。了解了這一點，你就會意識到，要進入你內在的意識世界、探索生命框架、改變命運，超驗體驗是唯一的途徑。

生命中最美妙的時刻，無疑是那些曾經親歷難以言喻的神祕，且令人心馳神往的靈性體驗。

許多人對於超驗體驗存在著誤解，認為它們超乎現實，讓人感到不切實際。在未真正了解他人經驗之前，聽到別人有著與眾不同的經驗時，大部分的人可能會採取嗤之以鼻的態度，卻忽略了超驗體驗能夠激發和改變我們的內在力量，使我們超越生活中的種種限制。

首先，我們要先明確定義何謂超驗體驗。如果你聽到超驗體驗，就馬上想到鬼神、通靈，代表你還是受限於一般人對超驗體驗的狹隘觀點。

所謂的超驗體驗，指的是當你的生命與意識層開啟後，所經歷到的一種殊勝、神祕、難以言喻的臨在狀態。它是一種超越日常感知的心靈經驗，讓人能夠接觸到更高層次的靈性意識，並且看見世界的不同面貌。有些人可能會在冥想、夢境、藝術創作、極限運動等情境中體驗到超驗體驗，有些人則是透過某些特殊方法，如靈性治療、喚醒幻覺的藥物、催眠等方式來引發超驗體驗。

不僅僅是這些事情，任何讓你百思不解、隱藏神跡奧妙的超自然，也可能是超驗體驗。例如：一場夢，或在寺廟、宗教場域時，突然感受到一種空靈的狀態。有些人可能經常做相同的夢，或在夢中預見未來事件；有時候在某些場域中突然看到光芒，或感受到他人難以理解的事物；或是在與人溝通時，突然接收到一些訊息，感知到一些不尋常的事物；有時是在無意間看到改變你思維的一句話。這些顛覆你對生命與世界的經驗，都可以把它們稱之為超驗體驗。超驗體驗能夠改變我們生命的力量，讓我們重新認識自己與世界，並且解決我們生活中的各種問題。

超驗體驗對你的生命轉化扮演著重要的角色，因為它是讓你從現實生活世界跨入到精神世界，去挖掘、探索和轉化的一個重要的路徑。但是，我必須說明的是，我並非鼓勵你主動尋訪靈異或超自然的地方，也非要你四處求神問卜，或拜訪通靈者、乩童等等。超驗體驗並非如此膚淺，它並非迷信，更不是妄想以某種不可思議的力量改變生命。

超驗體驗顯現於生命之中，它的核心在於引導我們進入內在意識的深邃境界，開啟宇宙意識網的祕密，綻放內在的神性光明。唯有如此，靈魂才能重獲力量與新生，改寫未來的人生藍圖。

解釋完超驗體驗之後，接著要來談談，它又隱藏著何種改變命運的神祕力量？

超驗體驗能改變命運

超驗體驗為我們開啟一扇窗，使我們轉化至更高層次的靈魂意識，正視世界多元的面貌。這不是生硬的理論，而是一種永恆的力量，引導我們深入探索內在更深層的世界，使靈魂真正敞開進入更高的次元。讓我以一次意識完全進入異度空間，經驗到意識流動的美妙故事為例來說明，這是我在《請問輪迴》中講述過的故事：

每一年，我都會進行一場閉關——而且，身體總會有徵兆告訴我該於何時進行。二〇一八年時，在兩天一夜的微閉關前，我的身體與靈魂已經先行在幾個月前做好準備……第一夜，輾轉難眠，我的意識被切劃成好幾個層次……意識停留在半醒半沉間，我竟然沒有察覺到另一道異度空間已經被悄悄開啟。

我看見幽暗屋內充斥多種詭異卻色彩繽紛的符號。卍字是第一個，它穿插、佈滿了所有空間，特別的是，它並非平面的，而是以3D的立體樣貌呈現。空間內密密麻麻難以數計的卍字毫無隙縫緊密連結、工整地排序，桌子、椅子、牆面……。我在黑暗屋內伸出十根手指頭，立體卍便爬滿兩隻手臂，甚至全身。

當下，我憶起二千五百年前證得正果的印度王子——釋迦牟尼佛，意識瞬間與

「釋迦牟尼佛」連結，我完全醒悟：涅槃、入滅，即是意識完全消融到時間與空間中，如同空氣、陽光，沒有「我」的存在……佛陀不再轉世來世間，不再乘願再來。就這樣完完全全與那一個狀態合一。就算佛陀的意識再度來到人世間，那將會是一條全新的新生靈、意識狀態，不再是二千五百年前的悉達多太子、釋迦牟尼佛。

每個人一生至少會有一次超驗體驗。這種內心獨有、無法與他人分享的不思議經驗，能重新定義你的生命觀，拓展全新的世界觀。同時，超驗體驗也有助於解決生活中讓你困擾的各種議題，無論是情感、財務、事業或人際關係。

超驗體驗對一般人來說難以置信且十分罕見，只有跨過謙卑與無私的大門，才能體驗這種境界。深邃的超驗體驗會開啟通往內在靈性意識的路徑，這種體驗不是外部世界所能帶來，而是一股持續不斷、潛移默化且等待我們去挖掘的力量。透過探索更深層次的內在世界，你的靈魂得以展現更高的次元，並踏上改變命運的唯一途徑。

接下來，我想用兩部著名的奇幻小說作為例子，來說明超驗體驗對人的生命和命運有著怎樣的影響和意義。

調和內在與外在的衝突

你是否相信，在宇宙中孕藏的奧祕遠超乎你的想像？它取之不盡的靈感資源就隱藏在你心靈深處，當你的內在之眼開啟時，必然與之產生聯繫。在寫這一堂課時，我和《哈利波特》創作者JK羅琳一樣，正身處於倫敦這座古老卻洋溢現代感的城市中，在西區一家歷史悠久的咖啡廳裡。

《哈利波特》敘述了一個平凡的孤兒，在一所魔法學校裡，經歷了一連串的冒險和成長，最終成為了一個英勇的魔法師，並且打敗了邪惡的佛地魔。

小說中，哈利波特收到入學通知書的事件，可被視為超驗體驗的臨在，象徵著一種代表靈性覺醒與成長的契機。霍格華茲則是哈利波特內在精神世界所投射的意象，揭示了他內在深層的夢想、渴望與轉變，同時代表著深藏未露的內在無意識。它不僅是一部奇幻的作品，也是一部關於透過神祕的力量達到靈魂轉化的故事。精神轉化指的是透過內在的探索和外在的挑戰，發掘自我本質，從中激發潛能。要注意的是，這並不意味著逃避現實，而是在現實中找到自己的定位和使命。因此，我們可以理解到，這些不可思議的超驗體驗被視為轉變靈性的契機，引領我們走向更深層次的內在無意識世界。這個尚未處理且待開發的無意識，同時包含光明與黑暗、希望與絕望、欲望與愛的矛盾存在。

靈性轉化是一趟靈魂意識的改變過程，充滿隱喻和奇幻的元素。如果你忽略超驗體驗，它可能會放大你內在的欲望、不滿足感，以及未解決的無意識問題。這些潛藏在其中的黑暗力量有可能會從背後突襲你。這正是超驗體驗帶來的危機與轉機。

正如《哈利波特：鳳凰會的密令》中天狼星．布萊克所說：「我們每個人內心都有光明和黑暗。重要的是我們選擇行動的那一部分，這才是我們真正的樣子。」在每個人的靈魂深處，都存在著一個渴望權力與永恆、害怕死亡、驕傲、自負、不可一世，以及拒絕愛的「佛地魔」。此外，它有另一個名字「不可說」。這個「不可說」也意味著無法以適切的言語與形容詞來描繪無以名狀的無意識。因此，要洞察無意識中深藏的黑暗力量，只能透過不斷與內心互動、自我探索，才能隱約感知其存在，也無法用具體且單一性的方式來處理它。超驗體驗的臨在，其目的在於協助我們調和內在與外在世界之間的衝突與矛盾。透過這種體驗，我們能夠避免單一的思維意識，拓展世界觀，超越生命舊有限制，並獲得對生命全新的領悟。

哈利波特的故事傳達了一個重要的訊息：超驗體驗並非逃避現實的途徑，而是勇敢直視現實的工具。要取得內外平衡、讓精神世界和物質層面共融共存，是一種不斷整合，卻極為重要的過程。這正是我們靈性從低層次邁向更高層次的歷程，也是靈性合一的狀態。

等待超驗體驗發生

另外還有兩部廣為人知的系列電影，它們同樣描述了透過超驗體驗進入內在世界，激發與轉化我們的內在，進而改變我們的外部現實——《魔戒三部曲》和《哈比人三部曲》。

電影中的哈比人是中土世界的一個小個子種族，居住在夏爾村，過著寧靜平和的生活，習慣享受美食、抽菸、唱歌，並對冒險或改變保持謹慎態度。他們的特性恰恰反映出我們現實生活中的某些面向，包括對舒適區域的依賴以及對未知的擔憂。然而，一位名為甘道夫的魔法師進入了哈比人的生活，徹底改變了他們的命運。甘道夫是一名帶著超驗體驗前來的引路人，帶領他們離開安全又舒適的夏爾村，前去尋找被稱為魔戒的邪惡之物。

在這趟旅程中，哈比人不僅需要應對外部的威脅，還必須克服內心的恐懼、誘惑和矛盾。他們遇到精靈、矮人、人類、樹人等許多其它種族，有些成為他們的盟友，有些則是不斷攻擊他們的敵人。在這過程中，哈比人必須學會相信自己和他人，克服恐懼與貪婪，堅守信念與正義。哈比人的故事，描述了如何在超驗體驗的啟發下，從膽小、自私、平凡的存在轉變為勇敢、無私、傳奇的旅程，他們的生活因此而改變，這也展現了超驗體驗如何讓他們從物質層面進入到靈性的境界，啟動並轉化他們的內在潛力。

每個人都必須經歷啟發性的超驗體驗轉化階段，只有透過這樣的體驗，我們才能認識到自己的真正本質，克服自身的侷限，並創造自己的命運。正如柏拉圖（Plato）所言：「人生的目的是從洞穴中走出來，看到真實的光明。」超驗體驗就像是引導我們走出洞穴的導師，讓我們看到真正的光明。

這兩部系列電影的情節充滿了冒險、奇幻元素和人性的掙扎，它們將觀眾帶入一個充滿魔法和魅力的中土世界，同時也反映了現實生活中的許多價值觀和挑戰。它們讓我們牢記，勇氣和個人成長是我們生活中不可或缺的元素，而超驗體驗通常是探索更高靈魂意識境界的起點。它們讓我們深思自己的人生，我們是否具備足夠的勇氣追求夢想，足夠的智慧對抗內在邪惡，同時醞釀足夠的愛來保護我們的靈魂。

超驗體驗是一種超越日常的靈性體驗，讓人有機會感受到與宇宙連結，並產生無法言喻的喜悅。當你遭遇超驗體驗的瞬間，請以開放的心來迎接這份不可思議的體驗，不必害怕。想要達到這個境界，需要放下自我、執著和期待。超驗體驗無法主動追求，需在無意識和無防備的狀態之下感召神祕的力量，並以一個開放且理性的態度去轉化它。每個人的旅程皆獨具特色，接觸靈性體驗將成為你一生中最美妙的時刻之一。

進入轉化空間

每一個自然之物都隱藏著神祕的能量，即使是那些看似平凡的石頭、山川、河流。我們常常忽略了這些環繞著我們的存在，但它們實際上蘊含著開啟超驗體驗的奇特力量。薩滿教的信仰認為，萬物皆有靈，包括自然界的各種元素和生物。薩滿教徒相信與自然界的互動可以帶來靈性的成長和超驗的體驗。他們透過與自然界的聯繫尋求智慧、治療和引導。在薩滿的世界觀中，世界萬物都與大靈相繫，從未分離。他們擁有智慧和力量，將生命視為轉化和蛻變的旅程。在西方的隱士傳統中，也有類似的觀點。隱士會選擇與自然界為伴，尋求孤獨和寧靜的環境來深化他們的靈性修行。他們相信生命與自然界的一切都是緊密相連，並透過觀察、沉思和與自然的融合來找到啟示和指引。

超驗體驗並非單純以鬼神或飄渺不定的光影顯現於你眼前，那只是它的一部分。真正的超驗體驗具有穿越性，其真諦在於跨越不同意識層面的特性，讓我們得以在當下的空間感受到另一維度的存在。這正是許多臺灣身心靈修練者熱衷於親近大自然的原因——透過與山川、大地、河流的接觸，喚醒不同層次的靈魂意識，踏入一個更為神聖的領域。其目的就是利用這些看似平凡，但實則具有轉化力量的自然事物，進入轉化的異度空間。

事實上，最簡單且能快速讓你進入轉化空間的，就是隱藏著不可思議力量的宗教空間與儀式。當人們到廟宇裡求神拜佛、燒香祭天，為自己尋求好運、求子、求事業、求婚姻時，實際上是在尋求一種轉化力量，來逆轉現階段得不到的願望。不論是對鬼神傳說的信仰，或是對超意識法則的運用，這些行為有一個共同之處：對於物質世界，我們需要有一種超然的觀照視角。洞見它的本質，將思維提升至一種超越的層次，不被金錢、感情、倫理、情感、事業等世俗觀念所束縛，跳脫理性與常規思維的界限。

然而，真正的力量關鍵在於你內在的神性——是否擁有超脫俗世的意志和勇氣。這意味著，你必須願意放下對物質世界的執著，以更高層次的思維來理解生命。換言之，坦然接受一切神祕經驗與光怪陸離現象，是開啟這股力量的真正前提。

如果你渴望不可思議的神奇體驗，如奇蹟般進入你生命的另一個全新境界，你就必須以完全開放的胸襟，接納這個世界萬物萬理的可能性。無論是宗教、性別、政治等等不同的人生課題，都應該以同理心的態度來理解，而不是武斷地將之視為迷信或可笑。

真正的靈性智慧，在於包容與尊重所有出現在世間上的每一種生命形式和信仰，用敞開的心靈來觀照這大千世界。唯有如此，你才能突破內在的藩籬，獲得人生的全新體驗與超然的體認。然而，我也想提醒你，超驗體驗的本質是自發且難以預期的。過度渴望和追求這些體驗，反而會使它更遙不可及。

在追求超驗體驗的過程中，我們應該避免使用任何可能導致我們偏離正道的術法與靈性工具。這種依賴外力的做法，往往只能帶來短暫而無法持久的效果。因為這些外在的力量並非天命的一部分，時間會將它們帶回本源。那些追求者，則不得不持續尋找新的寄託來獲得短暫的虛幻體驗。

真正能夠持久改變生活的，是源於內在神性的智慧，以及由此而生的超越。真正的超驗體驗來自於內在靈性成長和對生命的實現，而不是依賴外在的力量或快速的解決方案。當我們透過自我反思和內在的努力來尋求進步時，我們更有可能遇到那些改變命運的奇蹟。

在本章中，探討了超驗體驗如何改變我們思維，進而逆轉生活困境。在後續章節裡，我將逐步介紹開啟靈魂意識、調整思維模式，以及改變慣性行為的實用方法。只要你願意打開心扉，不受既有思維框架的束縛，我相信你在閱讀的過程中，將會經歷許多超乎想像的超驗體驗。

在接下來的課堂中，我將透過更多的實例和故事，揭示如何透過超驗體驗來重塑生命。在你翻閱這些頁面的同時，我邀請你敞開心靈，迎接無限的可能性，讓超驗體驗深入你的靈魂深處，淨化思想、提升意識，啟動宇宙的意識網絡，從而重新定義你的生命藍圖。

讓好運自動靠攏的修練法則

如果你希望在當下的生命中獲得不可思議的超驗體驗，則需要先意識到一件重要的事：必須培養將感受與心智分離的能力。平衡發展感知和思維這兩大能力，而非讓它們混雜糾纏我們靈性的進展。隨著年齡增長，我們或多或少會獲得將感受與思維分離的體驗，對過去的執著也會有新的看法。這是因為當人漸趨成熟時，感受、思維和意志已相對獨立發展。

將感受與心智分離開來，開啟對生命不同層面的深刻理解。情緒不再混淆感知，使我們得以進入超越凡俗的超驗之境。當你能夠適當地區分感受與心智時，便能夠將靈魂意識提升到更高層次的空間領域，如果你有想將生命推向更好的品質，同時改變未來的生命，這是必須培養的靈性功課。

或許這句話聽起來有些抽象，但你若回顧過去十幾年或二十年的生活歷程，你會發現自己對當年的快樂、痛苦或憤怒的事件，已能用不同的角度來觀照。這正是隨著年齡與經驗的增長，我們自然而然地將感受與思維分離，才能更客觀地體驗生命的種種。然而，為何我們總是要等到年紀更大才能做到這一點呢？我們或許可以從當下就開始培養這種分離感知與思維的能力。若你渴望此時此刻就改變未來人生，便應學會不讓當下的情感過度左右自己，而是用理性的思考來觀照內心的體驗，以獲得更加寬廣的視野。

要培養將感受與心智適度分離的能力，可以透過以下幾個方式：

第一、內觀意識：指的是培養一種敏銳的內在觀察能力。當你有任何情緒反應時，你需要準確地意識到它的存在。雖然聽起來可能有些困難，但其實並不難。只需在情緒湧現時，不要立即將其外化，而是要靜心觀察情緒的本質，這就是內觀的力量所在。

當你情緒發洩出來後，該如何收回呢？一個方法是進行反思。每天晚上，回顧一整天是否有不當的情緒爆發。如果有，請勇敢地面對它、覺察它，而不是輕易地放過它。勇敢這個詞聽起來簡單，但實際上可能有一點困難。你需要勇敢地承認，由於你的情緒錯誤導致了當下的局面，產生了一些失控的狀態。當你勇敢地看到這些不當的情緒時，也是一種內觀的意識培養。

第二、寧靜時刻：這個方法就是在現實生活中必須不斷創造寧靜時刻，五分鐘、十分鐘或十五分鐘都可以。這種寧靜時刻會讓你的意識進入非常寧靜、平和及安詳的狀態。當你處在這狀態時，思維與感受比較容易自行分離開來，而不會糾纏混雜。

寧靜這兩個字，蘊含著莫大的力量，它會瓦解我們的情緒束縛。你要相信透過寧靜能夠傾聽自己的內在聲音，不受情緒干擾，所以你必須在每一天中找到片刻的寧靜時光。寧靜具有神奇的力量，它會徹底瓦解你的內心紛擾，於是你才能清楚看見心智的運作，培養感受與心智之間的差別。

第三、對立思考：這是最重要的，你必須培養內在的對立思考能力。所謂對立思考，就是在心中能同時抓住一件事情的兩個對立面。比如在面對痛苦時，你必須將感受與思考分開：感受痛苦的同時，思考痛苦的來源及對身心的反應。

另一種對立是正反面對立，當別人否定你時，你要承受內心的糾結和不安，但也要思考：別人的否定是否客觀中立？是否要全盤接受他的觀點？這種對立思考有助情緒不會過度膨脹，影響現實生活。但使用此法也有危險，過度樂觀可能聽不見事實，過度悲觀則容易自我貶低。所以培養內在對立思考能力，也需要恰當運用（第八堂課將進一步探討對立思考的強大力量如何塑造我們的命運）。

以上三種將感受與思維適度分離的練習，有助於我們開啟更高層面的意識覺醒，觸及生命的奧祕所在。當我們的感知與理智獲得平衡發展時，超驗的體驗就不再是難以觸及的領域，而是生命自然存在的一個層面，等待我們去體驗和領會。

強效心靈語句 讓好事自動歸位，輕鬆改寫未來命運

- 進入你內在的意識世界、探索生命框架、改變命運、超驗體驗是唯一的途徑。
- 深邃的超驗體驗會開啟通往內在靈性意識的路徑，這種體驗不是外部世界所能帶來，而是一股持續不斷、潛移默化且等待我們去挖掘的力量。
- 透過探索更深層次的內在世界，你的靈魂得以展現更高的次元，並踏上改變命運的唯一途徑。
- 超驗體驗對你的生命轉化扮演著重要的角色，因為它是讓你從現實生活世界跨入到精神世界，去挖掘、探索和轉化的一個重要的路徑。

◆ 超驗體驗顯現於生命之中，它的核心在於引導我們進入內在意識的深邃境界，開啟宇宙意識網的祕密，綻放內在的神性光明。

◆ 不可思議的超驗體驗，它無法被一般人所理解與認同，除此之外，更應該被視為一個轉變靈性的契機，引領我們走向更深層次的內在無意識世界。

◆ 如果你不正視超驗體驗，它將放大你內在的欲望與不滿足，以及有待處理的無意識，這些潛藏在其中的黑暗勢力，就有可能從背後突襲你。

◆ 要洞察無意識中深藏的黑暗力量，只能透過不斷與內心互動、自我探索，才能隱約感知其存在，也無法用具體且單一性的方式來處理它。

◆ 超驗體驗的臨在，其目的在於協助我們調和內在與外在世界之間的衝突與矛盾。以此遠離單一的思維意識，開啟個體的世界觀，超越生命的限制，獲得對生命全新的領悟。

◆ 超驗體驗並非逃避現實的途徑，而是勇敢直視現實的工具。

◆ 每個人都必須經歷啟發超驗體驗的轉化階段，只有透過這樣的體驗，我們才能認識到自己的真正本質，克服自身的侷限，並創造自己的命運。

◆ 勇氣和個人成長是我們生活中不可或缺的元素，而超驗體驗通常是我們探索更高靈魂意識境界的開始。

◆ 靈性是充滿啟發的過程，可以幫助你重新審視自己，發現自我更深層的存在意義，並與宇宙天命接軌。想要達到這個境界，需要放下自我、執著和期待。

喚醒靈魂原力密咒

在我眼前的一切，皆為天命注定。未知之事，不解之謎，皆待我探索。

第2課

連接宇宙意識網

「心想事成」近年來吸引了眾多追求夢想的人關注，因此相關著作也在國內外書市引起了一波熱潮。

當我們面對各種困境，希望透過冥想、靜心等超意識的力量，掌握自己的命運，創造美好未來，這正是心想事成理論的魅力所在。作為一位「心想事成」的虔信者，我多年來親身實踐，見證了它的不可思議。例如：我原本不具備作家命格，但至今已出版了十三本長銷著作。二〇一三年報名參加南美洲秘魯旅遊團時，團費完全超出預算，但旅程結束後，竟意外地發現不僅沒超支，還省下大部分的團費，等於賺到一次免費出國的機會。這些都是喚醒靈魂意識、啟動夢想的實證。儘管如此，我對「心想事成」法則仍保有一些疑惑與反思，畢竟宇宙的運行藏有一套不為人們探知的法則和原理；夢想能夠實現，是多麼讓人渴望且感到不可思議的一件事，而這是否干擾了規律的宇宙運行法則呢？

心想事成這個概念，不應簡單地等同於向宇宙發一個願望或聚焦想像，它是必須與更深層的宇宙運行法則連結。當夢想成真時，背後是否隱藏著更多我們不知道的因素？我們應該如何讓心想之事，在宇宙的平衡及和諧之下自然發生？更重要的是，既然宇宙運行有其一定的規律，我們應該如何運用這些法則，讓屬於我們此生天命中的好事自動實現？我們生活在這個地球上，就必須遵循這一條不斷變化，卻依然保持平衡的法則，我們不能對以上的反思視而不見。

許多理論都意圖探討宇宙的奧祕，諸如宇宙創生理論——宇宙大爆炸、認為宇宙基本構成單位是弦粒子的「弦理論」（String theory），以及認為平行宇宙可能存在的「多重宇宙論」（Multiverse），這些理論都指向一個共同的核心：宇宙是一個相互關聯的龐大系統，其中的每個人、每件事都彼此影響。每一個偶然相遇的背後，都有著長期運行的力量在推動。

接下來，我將告訴你夢想成真的運作原理和實現方法，以及順應宇宙運轉，讓好運自動靠攏的宇宙法則。這些觀念將有助於你更深入地理解實現夢想的過程，並在實踐中改變你的命運。

啟動宇宙意識網

首先，讓我們先談談一個你可能不知道的真相，它是心想事成現象的根源：宇宙意識網。我們肉眼可見、存在於地球上的成果，實際上與宇宙中無形的龐大網絡息息相關，這個由無限意識和能量交織而成的網絡，是萬物背後的動力。

有時候，你可能會感到運勢處於低谷，面臨著各種困難與挑戰，似乎無法突破限制。而有時候，你又會覺得運勢處在高峰，輕鬆應對各種情況，甚至超越了自己的期望。這些不同的生命層次，反映了你在不同領域意識層面的變化。意識層面是指一個人在某個領域的知識與技能，它直接影響了個人在該領域的表現與能力。當你在某領域的意識層面提升至一定高度，先前看似艱難的挑戰將變得不再困難，這象徵著你在該領域的意識層面已達到一個新的境界。你意識層面的高低，取決於對該領域的理解與實踐。隨著不斷的失敗與成功，你將對該領域有更深刻的理解，面對問題與困難時也更具信心與能力。

除了有意識地提升自己的意識層面，你還可以無意識地為自己創造更多的學習機會。這是一種無意識的學習過程，它讓你在不經意間學到了一些東西，並在需要時發揮作用。

你一定也有過以下的體驗：隨意地學習了一些東西，卻突然發現那些東西成了你的救命稻草。比如說，你曾經為了好玩，學了一些電腦程式，後來卻幫助你在工作中解決了一個難題，獲得了老闆的讚賞和升遷的機會。這就是以無意識換來更大契機的魅力，它將在你需要的時候成為你的財富。請記得！不要過於堅持自己的看法與生活態度，學會放寬心胸，這些無意識的經歷就像是無形的種子，會在你的內心深處悄悄生根發芽，等待適當的時機展現其力量。

關於心想事成，我的靈界導師是這樣說的：

在宇宙的深處，存在著一個神祕而無限的意識網絡。這個網絡就像一張龐大的蜘蛛網，上面佈滿了無數的交點，每個交點都充滿著靈魂意識的能量。這些交點之間透過看不見的連結相互聯繫著。它們不斷地吸收來自其他交點和連結的能量，就像星星在夜空中閃耀著光芒。這個意識網絡超越了時間和空間的限制，將所有存在的靈魂和意識結合在一起。每個人都是這個無限網絡中的一個微小交點，彼此相互影響，共同編織著宇宙的意識之網。

當你的交點與其他意識網絡上的交點相互連結時，夢想就有實現的可能。反之，當你的交點無法與其他交點連結時，即便你採取任何方法，夢想仍無法在現實中呈現。因此，夢想的實現需要交點具備充足的能量，並與其他交點相互串聯。換句話說，夢想不僅僅是想像，背後需要時間的醞釀和多方面的條件才能實現。

人們不應該一味追求夢想，而應該學習如何靜待夢想自然發生。當一切都已到位時，夢想就會從宇宙的意識網絡轉化為現實世界。然而，我們必須注意，有時夢想所需的背後條件，超過了我們靈魂意識的能量。在這種情況下，我們需要提升自己的靈能量，並將靈魂意識提升至更高的維度，以便更深入地理解宇宙的運作和我們自身的潛能，實現夢想。

我們生活在這一個無限寬廣且佈滿交點的網絡中。這些交點不僅是個體，更是眾多靈魂意識與心靈的交會點，它由人類的集體心靈所構成，每個交點匯聚了人類共同的思想、感受、體驗和信念，更代表著人類每個生命轉折和改變命運的關鍵時刻。交點之間的線條連通了所有的可能性、選擇和事件，透過它，我們跟宇宙之間的聯繫更為緊密。這些交點正等待著被觸發，實現創造的奇蹟。

在這個錯綜複雜的網絡中，每一個體的行為與念頭都與其他事物相互交織，即使一個看似微不足道的念頭或消息，也可能在某個層面上產生意想不到的影響，改變未來世界的運行軌跡。簡而言之，這個世界並非絕對的，而是相對存在的。個體的每一次思考和行動，都如同宇宙中的一個細小而重要的元素，對整體產生漣漪效應，這種連結在宏觀和微觀層面都潛藏著影響力。因此，我們應該保持對自己思維和行為的高度自覺。每一個微小的選擇，每一個微不足道的念頭，都可能扭轉宇宙的運行方向。這種相對存在的觀點呼應了我們對環境、宇宙和自身有著重大責任，當我們面對這個廣大而充滿可能性的存在時，要以更加積極的方式參與其中。

現在，你應該已經了解啟動意識網，讓夢想自動靠攏的宇宙真相：如果你的夢想能夠順應意識流並與意識網相連結，且意識網有其他志同道合的夢想追隨者，它就會更容易實現。若你的夢想與現實差距甚大，意識網中也沒有與你志同道合的人，實現它將變得相當困難；倘若你所夢想的事物已存在於意識網絡中，且已經有人為此而努力並成功實現，那麼實現夢想就會變得輕而易舉。以上的觀念可以用簡單的一句話來總結，那就是：「站在前人的智慧之上。」事實上，許多成功人士都是透過這種方式來轉變自己的生活。如果你也希望改變自己的命運，最直接的方式，就是學習那些已經成功且成就卓越的人的思考和行為模式，而閱讀永遠是成功的不二法門。

人活在人世間是要讓靈魂覺醒，感知布滿宇宙的線條。換言之，你必須讓靈魂意識進入宇宙的頻率。前提是，你的生活要擁有規律的節奏，生活作息要因應四季的變化而調整。只有這樣，你才能打開通往神祕宇宙的大門，進入那個無人知曉的奧祕空間，感知宇宙的頻率。

靈魂意識集體覺醒的時代

「意識網」這個概念看似深奧，實際上與一個廣為人知的社會心理學理論有相通之處。社會心理學理論曾提出了一個「六度分隔」的概念，它指的是世界上任何兩個人之間，最多只需要六個中間人就能夠建立聯繫，反映出人類社會的緊密連結，也暗示著在這個世間存在著一個人們肉眼看不見的隱形網絡，這正是宇宙意識網的體現。每個人都在這個無形網絡的交點上，以某種奇妙的方式與其他靈魂相互聯繫，這種連結超越了肉體的侷限。當我們與陌生人相遇，或與遠方的人產生共鳴，都在顯示我們不再是孤立的個體，而是形成一個無形的群體，相互交織、相互影響。我們不僅是擁有肉體的存在，更扮演著宇宙當中精神媒介的角色，串聯起人與人、人與宇宙的聯繫。

隨著網路的不斷發展，世界已經高度平行化，國際觀的涵義也不再侷限於親身到國外生活。如今，我們只需敲敲鍵盤、連上網，就能知曉天下大事，社群媒體的廣泛使用讓我們更容易連結彼此和現實。這意味著我們與政治家、名人、藝人、皇室成員之間的距離已大幅縮短，隨著社群媒體的崛起，只要他們有社群帳號，我們就能輕而易舉地與他們取得聯繫。不僅如此，我們還可以透過私訊或留言等方式與他人展開對話互動。這看似微小的舉動，突顯了人與人之間關係的日益緊密。曾經的隔閡如今已然消弭，人與人之間的連結也因此更加緊密無間。

人類已經邁向高度互聯互通的新紀元，彼此的距離無形中已經拉近到前所未有的地步。同時，我們也發現如今人類的靈魂意識覺醒程度，遠比以往任何時代來得快速。比如說，此時代的孩子相較於過去的孩子更關心社會議題，像是環保、人權和動物福利等議題。此外，現今的人們也比以往更願意透過不同的技巧和工具來探索自我內在世界，像是冥想、瑜伽和閱讀靈性書籍等，這都反映出人們靈魂意識的覺醒程度提高。

也許你未曾留意，然而每一個念頭，不論多麼微細，都對遙遠的宇宙意識網絡產生影響。

宇宙意識網及六度分隔理論告訴我們：隨著意識網絡的緊密連繫，我們現在比以往任何時候都更容易將夢想化為現實。只要你認同，每一次的相遇，不論短暫或永恆，都是靈魂之間的神聖約定，每一刻都對未來有著深遠的意義。

人與人之間不再只是獨立的個體，而是組成宇宙微小但重要的元素。在生命中，我們與每個人的相遇，以及每件事情的發生，甚至你個人的靈魂意識、靈魂的能量，都是無形網絡中的每個交點之間的連結。在這個無形的意識網中，你的每一個思想、行為、意念，都會觸發一條甚至多條線路的連結而產生微妙的變化。這些變化都會反映在你的生活中，成為你的經歷、情感和記憶。而你只需順應意識網的引導，讓生命自然地安排一切。意識網無法以肉眼看見，但如果你的靈性已經相當覺醒和純淨，你就能夠感知那個看似虛無，卻與我們生命息息相關的靈魂意識網，並從物質世界的迷惑和執著中解脫出來，洞悉意識網絡的真諦。

與宇宙意識共振的五大關鍵

接下來我想與你分享五個能幫助你釐清宇宙意識運作，讓你夢想成真的觀念，在第三堂課中我還會進一步地說明。

一、面對問題時，不要急於追求解答或解決方案，而是要先靜心等待

在尋求答案時，我們常像無頭蒼蠅一樣盲目地四處尋找。由於我們的感官未經訓練，很容易被表象所迷惑，錯誤地認為只要用眼睛看或耳朵聽，就能找到解決問題的方法。我們或許可以採取不同的方法，先將問題擱置一旁，等待意識網絡的交點啟動，激發新的機遇、靈感，甚至改變問題的本質。

請記住一個宇宙的定律法則：大多數問題的最佳解決方法，以及夢想的實現，往往是在耐心等待之後發生的。只有當意識網中的其他交點和線路與你的生命相關聯時，靈感和奇蹟才會發生。等待的作用不僅僅是平復心境，更是引領我們進入宇宙運作的規律之門。事實上，生命中重要問題的解決之道往往就藏在靜觀時的一瞬間靈感閃現中，這個過程就是夢想啟動的開始。

二、夢想的實現是匯集眾人靈魂意識的力量，經年累月之下堆疊而成的精華

你必須將夢想視為一股強大的能量存有，它的顯現是凝聚了眾多靈魂的共鳴。夢想是否能夠在現實世界中實現，並不僅僅取決於個人的努力，還有其他因素需要納入考量。例如：我們所追求的夢想是否已經存在於人類的集體意識之中？它是否已經在共同的宇宙意識網中清晰地呈現？夢想是否能夠觸動集體意識的共鳴？

舉例來說，四十年前，太空旅行對一般人來說是不可想像的，但如今已有多家美國私營公司實現了這一夢想，並將許多非軍事和非專業的人送上了太空。如果我們的夢想與眾不同，或者是獨一無二的，那麼就可能延遲它在你生命中顯化的時間。

三、夢想的性質決定了成真與否

比方說，想擁有一部二手車相對容易實現，不需要太多的靈能量、靈魂意識網動力和凝聚力。但如果是購買一部超過你財務能力所及的頂級千萬跑車，就必須耗費龐大的靈魂意識動能，而且連結意識網絡上的交點數量就必須非常多。假設夢想是非物質的，例如：在戰亂國家中追求自由、在極權主義與父權主義的環境中追求性別平等，就需要更多的靈能量與他人靈魂意識的凝聚，也就更難以實現。

四、所追求的夢想，時機和契機是否相符，與天命軌跡是否一致

契機指的是特定的時刻、狀況或事件，有助於實現我們的夢想；而天命軌跡則代表我們此生的宿命、使命或目的。如果我們的夢想缺乏適當的契機，或者與我們的天命不相符，那麼無論我們多麼努力，它都不會實現。即使它真的實現了，也難以帶來真正的滿足感和幸福。要解決這一個問題，我們必須要超越感官，回到自己的內心，等待靈魂的覺醒。

我們要懂得聆聽天命的到來，這聽起來可能有些抽象，但回顧過去的生活經驗，你一定會發現：有時候，我們對某件事情或某段情感曾經執著不放，因為失去或無法獲得而難以釋懷。然而，當我們的心胸開闊時，突然間會感到一種解脫，意識到我們所執著的東西已經不再是我們真正想要的了。這是因為你的靈魂意識進入了更高度的覺醒狀態，你的靈魂與宇宙意識網上的天命產生共鳴。當你多次感受到如此的境界，便能感知夢想之事是否為天命的一部分。

五、運用靈魂意識的力量須清楚自己的身分、地位、經濟狀況和能力，以及它們與夢想之間的落差

如果這個落差過大，夢想可能只是一種虛幻的幻想，難以在現實中實現。然而，如果我們認真評估自己的條件，發現夢想是可行的，那麼我們就需要積極行動，培養實現夢想的能力。該怎麼做呢？首先，設定一些短期和長期的目標，並制定一個實際可行的行動計劃。從物質層面出發，讓夢想走向超越物質的世界，逐步進入精神層面和更高的身分地位。其次，尋找能夠啟發你的書籍、影片或人物，並學習他們的經驗和智慧。透過這層次的修練過程，你的靈能量會增強，使你的靈魂意識達到更高的境界。

要實現夢想，就像種子需要土壤、陽光和水分一樣。讓好事自然發生，不要整日胡思亂想，追求那些不切實際的事物。反之，專注於眼前可觸及的、已經在進行的、與你生活相關的事情，充滿熱情和積極，那麼實現夢想就會變得更容易，同時，還能改變未來的命運。

宇宙意識網的回饋

最後，我要回應開頭提到的故事，它明白地告訴你，如何運用宇宙意識網輕鬆地讓夢想成真。

在二〇一三年的一個深夜，即時通訊軟體的通知聲把我從夢中喚醒。一條來自友人的訊息，邀我踏上前往南美洲的秘魯之旅。對於歷史地理知之甚少的我來說，秘魯的位置、特色、距離及旅費都是未知之數。在朦朧中，我只見到一個「八」，便自作多情地以為旅費僅八萬，於是毫不考慮地答應了邀約。然而，翌日清晨，當我再次查看訊息，才驚覺昨晚所見全是誤會。那個「八」不過是出發日期的一部分——二十八號。而真正的旅費，竟是我所見數字的近三倍——二十多萬臺幣。這個驚嚇的發現，讓我從睡意中瞬間清醒。

面對高達二十多萬的旅費，我感到左右為難，但內心深處有個聲音在提醒我：我真正恐懼的是什麼？這個問題平息了我的焦慮。我們經常因為當下的問題而感到束縛，尤其是金錢的限制。然而，如果從更高維度的生命意義來面質恐懼，問題就會產生質變。於是，我開始進行內在的轉化修練，列出六條對於自我生命的不同價值的分析：

- 這筆錢所換來的，不僅是一段旅程，而是一次人生的豐富經歷，這是無價的。
- 這次旅行將拓展我的視野，為我的人生故事增添一篇獨特的章節。

- 在旅途中，我將學會放下對金錢的執著，尋求一種全新的世界觀。
- 帶著無畏之心，探索更廣闊的世界，是對此生的最高敬意。
- 將金錢投資在有意義的事物上，將激勵我未來賺取更多金錢。
- 視旅費為靈性投資，它將為我帶來難忘的經歷，為將來可能的更昂貴旅行做好準備，這是值得的。

當我在白紙上列出這些分析時，旅費帶來的壓力頓時減輕了許多。我們的想法塑造世界，思考方式賦予我們力量。面對不可預測的未來，我們能選擇的，僅是觀看世界的視角。在這個內在自我調整與分析的過程中，實際上是在調整靈能量的頻率與能量。只有當我們勇於面質焦慮，我們才能真正地平靜下來，並為靈魂在宇宙網絡中找到新的交點。向內自我對話與自我分析，是激發這些交點能量的關鍵。正如先前所述，這些自我提問的問題有助於轉移焦慮感，從而將注意力從外部世界轉向內在。這不僅能幫助我們看清楚焦慮的真正原因，還能找到解決之道。透過這種方式，我們能夠集中並增強我們的靈能量，感受到宇宙意識的引導，從而調整我們的思維模式，開啟生命中更多的可能性和機會。

提升靈魂力量的關鍵祕訣，就是在挑戰中鍛鍊信念。當你堅定不移，克服恐懼，你的靈能量將與夢想緊密連結，吸引所需人事物的能量頻率也會自然匯聚。

報名後，我開始運用宇宙意識網來實現我的旅費目標。首先，我全然地臣服於更高的宇宙意識。我放下了對旅費金額的恐懼，也捨棄了心中對旅費的限制。同時，我以開放的心態接受一切可能性，全然地等待宇宙意識網的指引。

再來是堅定信念。每晚，我默念自我分析後的六項核心價值，以此平息對旅費的憂慮。這六大價值宛如連通宇宙意識網的通道，只要我不斷回想並深信不疑，就能消散憂慮增強靈能量。誠如這本書中每堂課後面「喚醒靈魂原力的密咒」，你可以視作堅定信念的泉源，遇到問題便找出一段與之共鳴的密咒，並在每天睡前及醒來時誦讀，直至你能深切地感受內在湧現的能量。

接下來便是將信念化為行動。讓行為與意念點燃其他意識網上的交點，從而激發更多同頻交點發亮，建立起一個相互連接的網絡。首先，我徵詢了幾位友人是否有興趣一同前往，並確認了人數。接著，我向旅行社議價，同時也委託了幾位從事旅行業的朋友協助。經過一番努力後確實獲得了不少折扣。然而，當無法降低更多的團費後，我全然放下降低旅費的念頭，因為我已經盡了全力，剩下就是靜待最終結果。

記住，放下並不等同於放棄，是全然接納天命安排，無論好壞，都屬於宇宙意識網的一部分。如果你渴望在一生中順利地運用宇宙意識之網，讓夢想輕鬆實現，吸引美好事物向你靠攏，那麼你必須堅信：宇宙會以你想像不到的方式引導我們達成目標。即便實際的結果可能與我們最初的期待不同，它最終將帶領我們走向成功之路。所有事情最終將迎來美好，如果現在還未達到最佳狀態，那只意味著我們仍在路上，尚未抵達終點。

在南美洲的旅程一路順遂，但在最後一天回程的路上，一場出乎意料的事件卻改變了一切。中午用餐結束後，我們整團人開心地前往秘魯豪爾赫·查維茲國際機場。然而，前往機場的路上已塞滿了下班的車潮，同時距離最後辦理報到的時間也已剩下不到一小時，遊覽車的行進速度卻慢得比走路還要慢。

糟糕的是，此時我們的遊覽車，竟然與左車道的計程車擦撞了，雙方司機怒氣沖天、互相叫囂。心急如焚的領隊眼見情況僵持，趕緊跳下車，另外叫了一輛摩托計程車直奔機場，試圖先帶著所有團員的護照到機場完成報到手續。不幸的是，領隊到達機場時已超過最後報到時間，且團員與行李未到機場，地勤也不受理報到手續。我們最終沒有順利搭上原本預定的班機，只能原路折返回前一晚的飯店。更慘的是，秘魯回臺灣的航班並不多，加上整團人數共有二十多位，想訂到回程的機票只能碰運氣。我們每天都前往機場等待，確認是否有候補機位，如此反覆了四天，終於在第五天全團順利搭機回到臺灣。

不久之後，旅行社寄來了一封道歉信函，並誠懇地賠償慰問金。當我拿到旅行社寄來的道歉信函時，我不禁會心一笑。他們給予的賠償、早鳥優惠價、我與友人的團體優惠，以及多滯留五天的食宿、觀光，所有的補助超過了我整筆團費。宇宙意識網所編織的結果，竟然是以延誤班機來回報我心中所想之事。看著這封道歉信函和支票，我體悟到一個道理：即使世界未能正面回應我們，當我們堅定信念時，宇宙必然有所回應，只是大部分的回應超越了人類所知的範疇。

我想提醒正在閱讀這本書的你，絕不要低估自己的靈魂。每個人都擁有獨特的影響力、心靈容量、執行力和靈魂意識的強度，這些特質決定了他們在宇宙意識網中的角色。有些人在其中扮演領導者和創造者的角色，他們的使命是啟動一連串的交點，實現夢想；而其他人則是不可或缺的輔助者，他們的存在讓前者能夠發揮最大的作用。這種多層次的關係使得夢想的實現充滿了複雜的機遇。

不管你是否意識到，每個人都在宇宙意識網中扮演著實現夢想的角色。我們每個人都是宇宙的一部分，我們的靈魂在轉世時攜帶著讓世界更加完整、更加精彩的使命和責任。唯有如此，才能點亮意識網上的交點，讓一切相互連接、實現夢想，讓美好自然而然地發生。增強你靈魂力量的關鍵祕密，源於在挑戰中淬鍊信念。當你不屈不撓、戰勝恐懼，你的靈能量將與你的願景緊密連結，吸引所需的人事物自然而然地向你靠攏。

讓好運自動靠攏的修練法則

每個人的內心，都藏著一片祕密淨土，那是超越欲望、憂慮、執念的寧靜之域，這片淨土有另一個名字叫做神性，它是純淨豐盛、匯集好運與連通宇宙意識網的主要關鍵。唯有放下世間的一切紛擾，全然放空身心，我們才能領略到它的存在，觸及宇宙意識的深邃奧祕，這一道程序就是所謂的觀照身心。觀照的力量能夠抹除遮蔽靈性的陰翳，揭示宇宙意識網絡的奧祕，開啟所有奇蹟的終極祕密。在這個觀照中，你會感受到一片寧靜，同時明白，保持一顆空明的心靈、遠離紛擾，往往比追求短暫的歡愉更能帶來真正的幸福。你必須將這種品質融入生活中，即使每天只有十分鐘保持這種狀態，你的未來也會變得越來越優雅、美好、平靜，宇宙意識的天命也會越來越靠近你。

觀照身心是一種內在探索的過程，它不需要複雜的儀式或特定的姿勢。以下是幫助你開始練習的簡單指南：

1. **找到一個安靜的空間：**選擇一個你不會被打擾的地方。
2. **採取舒適的姿勢：**坐下來，保持背部挺直，但不需要刻意的盤腿或閉眼。
3. **放下批判和焦慮：**將注意力集中在當下，拋開所有的評價和擔憂。
4. **深呼吸：**透過深呼吸來放鬆身體，幫助心靈達到平靜狀態。在每次呼氣時，想像所有的壓力隨著氣息離開你的身體，而每一次的吸氣，則帶來愉悅和正能量，滲透至你的每一個細胞，滋養你的整個存在。
5. **保持當下意識：**專注於當下的感受，而非過去或未來的事。在練習初期，雜念或深藏的情緒可能會干擾你，但沒有關係。當這發生時，輕柔地將注意力引回至呼吸。隨著練習的深入，你可能會感到一種欲睡的平靜，此時，繼續保持這種放鬆的狀態，讓它自然引領你。

6. **持續練習**：規律的觀照可以加深你的內在體驗，並為生活帶來積極的變化。觀照身心的練習，不僅能幫助我們釋放身體的緊張，也能為心靈帶來寧靜與喜悅，開啟內在平靜與和諧的旅程。當我們學會放下對外在世界的執著，將會發現一個更加豐富而純淨的自我。這個自我不受物質欲望和煩惱的干擾，它存在於更高的意識層面，與宇宙意識相連結。這不僅是一種身心放鬆的練習，也是一種精神上的提升，讓我們能夠把握和認識到那些無意識的契機，並探索內在的神性。如果我們能在日常生活中掌握觀照身心的力量，保持開放的心態，這種內外平衡的狀態將有助於啟動生命的轉變。

強效心靈語句　**讓好事自動歸位，輕鬆改寫未來命運**

◆ 宇宙是一個相互關聯的系統，其中的每個人、每件事都彼此影響。每一個偶然相遇的背後都有著長期運行的力量在推動著。

- 當你的交點與其他意識網絡上的交點相互連結時，夢想就有實現的可能。
- 人們不應該一味追求夢想，而應該學習如何靜待夢想自然發生。當一切都已到位時，夢想就會從宇宙的意識網路轉化為現實世界。
- 我們的感官未經訓練，很容易被表象所迷惑，錯誤地認為只要用眼睛看或耳朵聽，就能找到解決問題的方法。
- 所有事情最終將迎來美好，如果現在還未達到最佳狀態，那只意味著我們仍在路上，尚未抵達終點。
- 每個人的內心，都藏著一片祕密的淨土，那是超越欲望、憂慮、執念的寧靜之域，這片淨土有另一個名字叫做神性。

喚醒靈魂原力密咒

我靜候更美好的契機，破除阻礙生命前行的問題。

第3課 點亮宇宙意識交點

在這一課，我將與你分享啟動夢想的第二個方法：安穩站在你的天命，讓夢想自然靠攏。這個方法是上一課內容的延伸，也與之密切相關。如果你對上一課的內容還不太清楚，我建議你多花時間反覆閱讀，直到完全融會貫通為止。這裡要特別強調的原因是，第三課的內容是建立在第二課的基礎上。只有當你已經掌握了第二課的方法並能在生活中應用時，學習第三課所教導的技巧才會更加順利。

你可以用一個簡單的方法來檢驗，你的靈魂是否已學會如何運用意識網的概念，並選擇更有利於解決問題的思維模式：在讀完第二課之後，突然感覺自己能更好地處理生活中的困境，原本困擾自己的問題也不再那麼難解，甚至有時會突然靈光一閃，想到一些創新的解決方案。若你有類似於想像之外的經歷，這代表你已漸漸領悟了第二課所談的觀念，同時也代表你的意識已提升至更高層次。

在這一堂課中，我將繼續教你一些實用的方法，讓你能夠點亮宇宙意識網上的交點，吸引好事自然發生。

宇宙意識交點

夢想首先在靈魂意識中建構，唯有透過強化它，才能將其在現實世界中彰顯。

在前一堂課中，我的靈界導師闡述了宇宙意識網的運作機制，以及其交點與線條如何與我們實現夢想的過程緊密相扣。根據祂的慈降訊息，宇宙意識網是一個龐大的能量場，遍佈多個多層次維度。在這個網絡上，有無數個獨特而強大的交點，它們分佈在物質界和非物質界。每個交點都蘊含著特定的頻率和訊息，就像宇宙中的星星一樣。這些交點不僅遍佈在宇宙意識網上，而且蘊含著豐富的能量，代表著已經發生、尚未發生以及潛在的事件。如果你夢想的事物尚未存在於這些交點中，實現它則需要堅強的意志和漫長的等待。因此，在夢想成真前，它是否已在意識網中成形，以及是否有其他人與你同樣夢想著相同的事情，都將影響其實現的機率。

綜觀地球文明之中，一件事物的發明和創新的時間難以精確預測，然而，這些事件或成就有一個共通點：它們都經歷了長期的同頻率能量的積累和漫長等待。從科技發明、物件研發到社會意識轉變，這些不僅僅是個人的成就，而是各領域和世代的專家們千百年的努力所匯聚無數相同信念的結晶。因此，每一個人都是夢想的創造者，同時也是將夢想推向現實、讓夢想在世界上顯現的奠基者。

或許這個說法對你來說有些抽象，但請試著回憶一下，如今的自動駕駛電動車，在三十年前並未出現在我們的視野中，然而當時已有許多人幻想過電動車將來會以怎樣的形式呈現在眾人面前。同樣地，在陪伴許多人童年時光的《多啦A夢》中出現過的工具，對當時的我們來說都是不切實際的科幻。然而多年過去，我們會驚訝地發現許多道具在今日已經變成現實，例如：家庭服務機器人就是如今常見的掃地機器人，影片中的竹蜻蜓，也已經成為許多國家投入研發與實驗的單人飛行器。這些除了讓我們深感科技進步之外，也足以證明建構夢想的藍圖永遠超前於現實。

當你的靈魂意識完全覺醒，將開啟新視界，感知宇宙意識網絡。它遠超三維空間，連結著所有存在。透過它，將轉化夢想為現實。在《請問覺醒》中，靈界導師就說道：

現在，網路大大地改變了每一個人的意識世界……網路已經打破了時間與空間的界限。在網路的影響之下，人類的集體意識產生了巨大變化，集體意識從原本的沉靜轉變成快速轉動，這是如此驚人的改變，它不僅快速地改變人類生活，也改變了人類的未來。宇色！你要知道，當人類集體意識大幅度改變的同時，也間接地改變了靈界樣貌……。

當你了解這一層關係，你就會知道，人類的行為越來越難預測，因為人類的意識不斷地變化、不斷地轉動，又有誰能說準明日的你會有何種想法呢？連我們（神靈）也只能就人類當下與其先天命格去預測未來發生的可能性……但它仍然有可能在意識被改變之下，對未來有了不一樣的結果，這也就是為什麼未來越來越難被預測準確的原因所在。

這段靈訊也間接地證明了兩件事：

首先，在現代社會，占卜和算命的準確性可能與過去相比有所不同。命盤和占卜提供的只是一種參考和分析，每個人都擁有決定的自由意志，透過後天對於意識、思維與心性的改變，來影響和轉變人生軌跡。我們並非被動地接受宿命安排，而是有意識地主動掌控命運。因此，我們應該重新思考，人生是否該依賴於命理師或命盤的指引呢？

其次，在當今這個時代，得益於網際網路的普及，連接了全世界人們的創意與思維，喚醒了每個人的靈魂意識，人們擁有前所未有的機會去實現他們的夢想。網際網路使我們不再侷限於狹窄的視野，即使身處不發達的國家，也能透過網際網絡接觸到其他國家先進的科技和產品，進而啟發對生命的反思。人類的進步源於競爭、比較，以及模仿學習。網路為我們的靈魂提供了一個廣闊的創新平臺，啟發每一個人的想像空間，讓夢想有機會實現。

事實上，人類的意識完全超越時間和物質的限制，讓我們想像出更多現實中不可能發生的事情。這說明了，你的內心世界即是未來可能性的載體。只要勇敢地建構你意識中的世界，等待意識網的交點與線條連通，你的夢想就會成為現實。

如何點亮宇宙意識交點

在理解意識網與實現夢想的關聯後，我們將探討如何運用個人內在力量啟動意識網的交點，並連結這些交點，以實現夢想。

愛因斯坦說：「當我還是一個四歲的孩子時，父親給我一個羅盤，那一刻，我彷彿見證了一個奇蹟。我突然意識到，世界萬物背後，必定藏著未知的祕密。在某種程度上，一個神祕的物品，就有如魔法般地激發起人的思維，讓思維得以揚帆起航。」

我們看待世界的觀點往往源於內心的想法。自我定義和意識層次的深淺，塑造了我們所見的世界。在這個世界裡，外在與內在的界限模糊不清，它們交織在一起，如同莫比烏斯帶。外在與內心的世界，是鏡像的反射，彼此間的相似性如同莫比烏斯帶的無窮續性，無論從何處出發，我們始終在這條神祕的帶子上旅行。

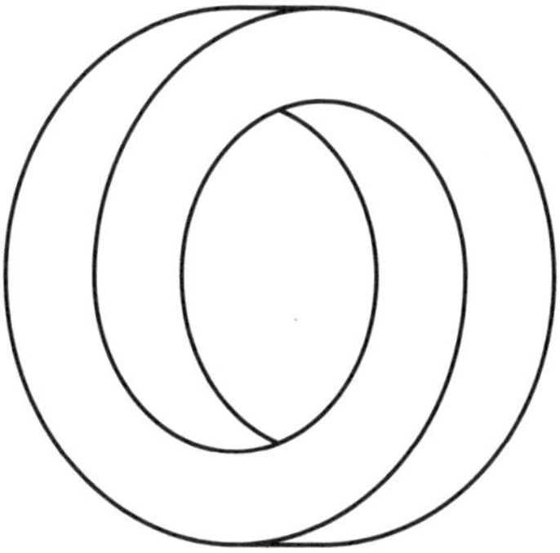

莫比烏斯帶

如果你從外在開始探索，最終你將回到你的內在世界；而如果你從內心出發，同樣會發現你將更加地認識你所處的世界。你可以在外在世界尋找內在的答案，也可以在內心深處發現外在的真理。世界既是迂迴又是連續，我們存在的目的就是找到兩者之間的神祕通道。就像莫比烏斯帶，沒有明確的起點或終點。

當你明白了這個觀點，你就會知道，無論你是向外探索還是向內尋找，答案都是一樣的。唯一不變的是，你的靈魂意識需要持續且迅速地在莫比烏斯帶中穿梭，這樣才能激發你的靈能量，提升你的意識層次。當你的意識層次提升，每一個在你意識層上的交點都將被點亮，從而幫助你創造出理想的生活和未來。這就是宇宙奧祕，也是改變命運的關鍵。（如果讀到這裡，心中覺得有所疑惑，你可以回到前一堂課，再次練習連接宇宙能量。）

命運雖然隱含著人類難以理解的原理與規律，但我們仍然可以透過兩個渠道來理解它的運作。首先，你可以親身走遍世界各地，用雙眼去體驗這個世界的廣大與多元，透過增廣見聞，洗滌並提升你的意識。或者，你也可以全力以赴地探索內心世界，不斷挖掘並理解內在隱藏的陰暗面。當你對自己有了深入的理解，你將會對外部的世界產生全新的觀點和看法。對外部世界的好奇心和對內在未知世界的探索，是引領我們穿越命運屏障的不思議力量。

我們眼前的世界源自於我們內在世界的投射。每個人內心的思想、價值觀和經歷，會使我們對外在世界有不同的詮釋與理解。例如：面對同一片山巒，有人會看到壯闊磅礴的景色，有人卻會注意到可以開發的資源；面對同一座建築，有人欣賞它的藝術，有人則考量它的實用功能。雖然我們共處一個物質世界，但透過個人的心靈濾鏡所感知到的世界也會有所差異。

我們的命運與內心世界緊密相連。從宇宙意識網的角度來說，我們透過感官來架構世界。在生命的旅程中，我們所經歷的，不過是宇宙無限面貌的一個個切片。當我們清醒時，我們的身心創造出這些切片，而我們的意識就在其中遊走。改變內心的思維和情感，就能影響我們的選擇和行動，從而開創不同的未來。

無意識的力量

西格蒙德・佛洛伊德（Sigismund Schlomo Freud）是分析心理學的創始人，他提出了「無意識」的概念，將人的心靈比喻成一座冰山，只有一小部分浮出水面，那是讓我們能夠感知和思考的意識。在水面下，還有一部分是前意識，它包含了我們可以利用一些方法（像是催眠）回憶起來的記憶和知識。但是，最大的部分卻是無意識（也就是潛意識），它深藏在水底，我們無法直接感知與接觸，卻在潛移默化中影響著我們的心理活動。

潛意識裡充滿了我們的本能、欲望和衝突，它們是我們的真實自我，也是我們的命運之源。這三個層次構成了一個複雜的意識網絡，它連接著我們的經驗、文化和家庭背景，並透過思想、情感和行為來表達自己。這種神祕而強大的力量，將生命編織成一張巨大的網，我們終其一生都難以窺探它的全貌。這理論揭示了一個真相：人與人、命運以及宇宙之間的關係，猶如《西遊記》中孫悟空與如來佛祖，看似擁有著無限的能力與潛力，但依舊逃不出如來佛的手掌心。

無意識是我們生命中一個強大而隱祕的力量，它同時扮演著我們的創造者和我們難以跨越的深淵。它不僅形塑我們的思想、情感和行為，更創造我們眼前的世界，同時，它也是我們難以完全掌握的一部分。因此，了解無意識的運作方式，解讀其潛在訊息，能幫助我們提升生活品質和開創美好的未來。

關於無意識，哲學家魯道夫．史坦納曾說：「一切有意識的生活都根植於無意識的靈魂生命。基本上，一個人如果不考量靈魂的無意識面向，那麼，他是無法理解人類整個演化進程的……因此，我們必須承認除了意識之外，無意識是靈魂的第二要素，它們是一體兩面。另一個原因是，這個通常無法被直接觀察到的界域，必須非常謹慎地加以保護，以免受到侵害。無意識是意志的居所，雖然無法直接進入，但可以被某些行為所操控。」

無意識猶如隱匿的河流，流經每個人靈魂深處，滋養著全人類。自古人們即沐浴其間，生命因此緊密相連。當靈魂意識昇華，便能洞察世界全貌，意識超越個體差異、肉體限制及種族文化界限。理解此理，便能體悟到生命的本質：無分別之奧義和真諦，超越個人與生命實相。宇宙揭示絕對存在，無分彼此、無條件限制，是生命之源與歸宿。這是無我無執之心，超越自我與差異之靈性狀態，與宇宙萬物合一之境界。

對於那些探索靈性之路多年的讀者，在理解以上內容後可能已經意識到宇宙意識網、人類無意識，以及因果定律之間的關係：我們不僅是他人夢想的創造者，也是自己夢想的實現者。每個思想和行動都在編織著我們的命運，預示著未來。我們的念頭與行動，透過意識與能量，吸引著同頻的事物，塑造著我們的命運和影響著周遭。要讓夢想成真，首先要了解我們的思想、言語和行為所散發的能量，這會勾勒出實現目標的藍圖，並吸引同頻的事物。

記住！要改變命運與吸引好事的頻率，我們必須提升意識的覺醒，成為我們所希望的世界的一部分。生命中的每一刻，我們都能夠選擇不同的方向，正視改變生活的事實，有意識地觀察內心的念頭，排除負面思緒，並且尊重他人的生活。

點亮意識交點的強大靈能量

每個靈魂在宇宙意識網中的影響力各不相同，這牽涉到夢想是否註定實現、個人在意識網中的位置、影響力的大小、行動力的強弱、以及轉世命運和使命等諸多因素。大部分的人可能一生僅在意識網的某個層級徘徊，但也有人的靈魂卻能在多個意識層穿梭，對未來世界造成顯著影響。

對此，我的靈界導師是如此解釋：

當談論歷史上的名人時，人們常受到當權者或知名人士的描述所影響，進而塑造了你們對他們行為與人格的正負面看法。然而，從靈魂意識的角度來看，如此的觀點常是偏頗的。你們要知道的是，那些能夠在歷史上流傳千古的名人或偉人，他們的靈魂除了帶有特殊的命格之外，靈魂意識亦具有超乎尋常的能量。同時，他們之所以能名垂千古，是因為他們的思想和行為超越了當時的時空限制。他們強大的靈能量不僅點亮宇宙意識網的交點，還與更多的同頻交點相呼應，產生了深遠的影響。

想運用宇宙的力量改變命運、實現內心的願望，其中的祕密在於將專注力從外在世界轉移到內在，強化自身靈魂的能量。如此，便能打破看似牢不可破的命運框架，更容易實現自身目標，實現心中所夢想之事。因此，你們應更加關注內在的靈能量，及強化與宇宙意識網的連結，讓它們轉化你生命朝向更高頻率的意識層，吸引更多同頻的正能量。

在這段文字中，靈界導師強調了強大的靈魂意識和堅定意志力，對於實現夢想的重要性。人們必須要在夢想上挹注足夠的能量，才能啟動未來的可能性。假如將意識網的交點想像成一盞燈，其光芒能吸引相同頻率靈魂的助力，這些助力代表能讓夢想成真的人事物，如果無法使交點發光，就難以凝聚與串聯所需的能量。這一段靈訊同時揭露了一個重點：如果在這些小夢想上都缺乏行動力和恆心，追求更遠大的夢想將更加艱難與遙不可及。此刻你每一個念頭跟行動，都是你個人和他人命運的編織者，也是你未來生活的預言者。

想要安穩站在天命之上，讓夢想自然流向你，首先必須穩定內心，讓靈能量發光。在這個物欲橫流、經濟蕭條、政治不穩的時代，許多人渴望以各種方式追求財富自由，然而盲目追逐不僅無法帶來真正的滿足，有時甚至會讓人陷入無休止的困境中。譬如有些人為了找到一份好工作，不斷學習各種技能，參加無數面試，卻始終找不到心儀的職位。然而，他們或許未意識到，所追求的工作可能並不符合他們的靈魂頻率與天命軌道，結果到了中年，他們還停留在摸索的階段。這些困境的根本原因，在於我們尚未學會耐心等待，去發現並啟動意識網上的交點，以及與其他意識線條建立連結。

當心靈處於平靜狀態時，靈魂將從宇宙獲得強大的能量，靈魂意識網上的交點才會開始散發光熱，散發光芒的交點越多，便能觸發更多同頻率的交點發光。不論是個人的小小願望，還是與眾多人息息相關的宏偉抱負，都需要強大的靈魂意識和堅定的意志力，以及群體的共同努力，才能將夢想從心轉化為現實，照亮意識網的每一個角落。正如柏拉圖所說：「宇宙隱含著無限的限制，同時也存在著無限的可能性，這就是世界美妙之處。」

連結更多宇宙意識交點

接下來，我想用一件發生在我身上的真實事件告訴你，當你穩固地站在天命的位置上時，能自然而然地點亮宇宙意識網中的交點，讓你的夢想成為現實，而每個人，包括你在內，都擁有非凡的力量。

在我成功出版第一本書之前，曾經歷無數次投稿失敗，一次次陷入自我懷疑和否定之中。我也曾嘗試調整著作方向和內容，然而遭到無數次拒絕後，我開始質疑這條路是否真的適合我。

我尋求了我的靈界導師指點，祂告訴我一個關於我此生命格的事實：「作家的命格對你而言很難，你出生時並沒有被賦予作家的命格，這並不是你的天命。」這個消息讓我心情沉重。「為什麼呢？我可是很喜歡寫作啊！」我不甘心地追問。祂繼續說道：「雖然你沒有作家的命格，但你的靈魂卻具有筆的天賦。只要從事與『筆』有關的工作，你依然能夠發揮所長，創造出屬於自己的舞臺。」

「既然命中有帶筆的天份，那麼我將來是否還有機會成為作家呢？」我追問道。靈界導師表示，作家確實屬於帶筆的一部分，但是，因為缺乏作家的命格，如果我執意想要成為一名作家，就必須提升靈能量，創造出全新的命運。或許這條路能夠實現我的作家夢想，但這將是一個漫長的過程。

靈界導師繼續說：「要實現夢想，不僅需要個人努力，還需要更多人的靈魂意識與你相呼應、凝聚能量。」祂告訴我，必須不間斷地練習寫作、不斷投稿，同時堅信自己的夢想，有條不紊地累積寫作實力和生命經驗。當所需的因緣成熟時，或許就能實現夢想。十餘年過去了，我最終成為出版超過十三本書的作家，也包括你正在閱讀的這一本。

我的故事證明了一個觀點：在每個人的生命之中，都存在著一張屬於自己的天命藍圖。我們無需與他人競爭，只需自問：我是否努力奮鬥，是否深信自己的夢想終將成真？當你逐漸成熟，變得更為世故，天命最初的訊號就變得難以捕捉，不僅因為它們被你所學的知識覆蓋，更是因為被日積月累的世俗價值所替代。如果你每日睡前不斷自我反問：「我是否努力奮鬥，是否深信自己的夢想終將成真？」總有一天，你終將聽見一個已經遺忘許久的天命之聲在呼喚。

或許你還記得，小時候有某個訊號、一股莫名其妙的衝動、一陣突如其來的狂熱，或是一個巧合的事件，觸動了你內心深處的開關，引領你走上一條跟別人不一樣的道路。你心想：「這就是我這一生要追求的事；我必須達成這個目標。」這就是天命的召喚。就像我想成為一名作家一樣。

是否能喚醒天命、改變命格，取決於你是否能與內心本真重新建立連結，回歸自己天命的本質。請務必睜大眼睛、細心挖掘，尋找所有與童年興趣相關的蛛絲馬跡，天命便是藏於此。當我們接觸到某些事物時，是否會感到內心的熱情被點燃？是否有些事情永遠不會讓我們感到厭倦？

我們並不需要刻意創造一個使命，因為我們生而帶有使命。我們需要做的是尋找方法，不斷地探索自己的內心，發現那份與生俱來的天命。無論是何時重新找到自我，我們都能重燃當初的熱情，照亮通往天命之路。

在這兩堂課程中，我想強調的是，當我們追求心想事成的境界，我們不僅是在想像那些我們渴望達成的事情。更深層地，這涉及到一系列精妙的命運法則，這些法則同時也是宇宙運作的基礎，更是與我們個人的命運和業力緊密相連。如果我們忽視了這些法則和天命的指引，那麼，無論我們掌握了多少實現願望的技巧，它們都可能只是空中樓閣。

實際上，我們學習關於實現願望的技巧和方法，其真正的目的是為了增強我們對夢想的明確目標以及加固其基礎雛形，這麼做的目的是可以讓我們的靈魂能量產生巨大的動力。但是，我們不應該忽視一個重要的事實：如果缺少了強大且堅強的執行力，我們將無法在宇宙意識網上的每個交點中建立連結，而我們的夢想也將始終停留在想像階段。

此生我很慶幸，認識了許多在企業界、金融界與投資界享有成就的人士。我從旁觀察這些人如何成功，以及如何賺取他們此生想要的財富。私下也與他們對談，探討他們如何將自己的夢想和知識顯化在世間。坦白講，這一群我所認識的成功人士並不完全知道所謂的「祕密」或者是心想事成的法則。他們在自己的專業領域中投入了一般人難以想像的時間和經歷。同時，他們在人脈的經營上也投入了大量的時間和體力。他們會聽取許多建議，並且勇於嘗試他們所獲得的資訊。

更重要的是，這些能夠將夢想轉化為現實的成功人士，他們的成功之道就是：立即行動，從執行中觀察與修正自己的決定。絕不等待完美的計劃，而是在行動中發現和修正錯誤。透過這種方式，在每一次嘗試中逐步掌握成功的祕訣，並將這些經驗應用於未來的挑戰，從而不斷地複製每一次的成就。

這就是宇宙意識網連結更多交點的法則，也就是「先做再說」。這就是執行力。當你擁有執行力並且勇於修正你的想法時，你的靈魂能量會不斷地增強，同時串聯起促成你夢想成真的交點和連線。失敗絕不是成功之母，而是勇於在每一次行動中，發掘屬於自己的天命並編織意識網。

如果你已經嘗試了各種心靈法則和實現願望的技巧，卻發現它們無法顯著改善你的生活或幫助你達成人生目標，不妨暫時放下那些方法，轉而採取直接行動，跟隨你的直覺去做那些你渴望嘗試的事情。在這個過程中，你將學會如何在行動中修正自己的思緒和行為，逐步發現成功的路徑。這種自我印證得出真知，將成為你未來複製成功經驗的堅實基礎。

讓好運自動靠攏的修練法則

在二十餘年的靈修與塔羅牌修習的歷程中，有無數人詢問過我關於預知未來的問題。我的見解是：轉世輪迴的靈性課題，在於如何提升我們的靈魂意識，觀照宇宙意識的運轉軌跡，讓我們所期盼的事情自然實現，而不是鎮日耗費心神地期盼某一事物的來臨。當問題發生的時候，我們要能夠靜心地等待契機來臨，最重要的是克服伴隨問題而來的焦慮。

當我感到焦慮的時候，我會尋求內在的平靜，並與內在焦慮展開以下對話：

- 焦慮的源頭是什麼？
- 它真的屬於我生命的一部分嗎？
- 它隱含了什麼訊息？
- 如果不處理它，會影響我生活哪部分？

這些問題有助於分散你的焦慮，並將你的注意力從外在世界轉移到內心深處，逐步理解焦慮的根源。同時，將焦慮與你的內心分離，有助於你更清晰地看待它的本質，不受其影響，並找到解決問題的方法。只要你不斷地反問自己，就能夠抵達內心最深處的中心。在那一瞬間，焦慮會突然消失，只剩下空無的狀態，連自我都完全不見了。

這種存在的狀態就是觀照。這個技巧使你能以全新的思維應對困境，集中與強化靈能量，並感知宇宙意識的指引，調整思維模式，開啟更多生命的可能性與機遇。

如果你也能夠理解及掌握這個道理，並將它有效地運用在你的生活中，你就能夠擺脫命運的控制，走出苦難的陰影。就像戴上一副明亮的眼鏡，看到清晰而光明的景象。

強效心靈語句 讓好事自動歸位，輕鬆改寫未來命運

◆ 夢想首先在靈魂意識中建構，唯有透過強化它，才能將其在現實世界中彰顯。

◆ 每個人都擁有決定的自由意志，透過後天對於意識、思維與心性的改變，來影響和改變人生軌跡。我們並非被動地接受宿命安排，而是有意識地主動掌控命運。

◆ 你的內心世界即是未來可能性的載體。只要勇敢地建構你意識中的世界，等待意識網的交點與線條連通，你的夢想就會成為現實。

◆ 想要實現安穩站在天命之上，讓夢想自然流向你，首先必須穩定內心。

◆ 當心靈處於平靜狀態時，靈魂將從宇宙獲得強大的能量，靈魂意識網上的交點才會開始散發光熱。

◆ 一切有意識的生活都根植於無意識的靈魂生命。基本上，一個人如果不考量靈

魂的無意識面向，那麼，他是無法理解人類整個演化進程的。

◆觀照宇宙意識的運轉軌跡，讓我們所期盼的事情自然實現，而不是鎮日耗費心神地期盼某一事物的來臨。

喚醒靈魂原力密咒

我並非獨行於世間，生命中總有需要我關懷的靈魂，也有等待我伸出援手的心靈。

第4課 解開靈魂束縛

在這堂課裡，我將分享一段旅途中的經驗。這次經歷讓我看到世界上善與惡的另一面，對於宗教所描述的善惡世界產生了獨特的見解和思考。當我們依循經驗而擁有自我驗證能力時，便不會再盲目追隨社會的觀點。在閱讀過程中，如果你對內容有不同的看法，也請保持開放的態度，重新思考在這一堂課中提到的執著與善惡的意義。

同時也請不要忘記本書的主軸，我們能夠透過內在修練改變靈魂意識，從而改變命運，讓好事自然而然地發生，創造更美好的未來。我因為這段經歷改變了對善惡的看法，而更超出我預期的是，這段經歷也同時改變了我的命運。

信仰也可能是靈魂的束縛

二〇二三年這一趟英國愛丁堡自助旅行，我參加當地一個小型跟團一日遊。其中一個行程是參觀一座位於愛丁堡郊區，距今約六百年，建於十五世紀哥德式建築風格的教堂——羅斯林禮拜堂（Rosslyn Chapel）。這座教堂不僅是宗教建築，更是蘊含眾多神祕與傳奇故事的地方。傳說中，教堂內隱藏著聖殿騎士的祕密，甚至可能是耶穌受難前與十一位門徒所飲用的聖杯所在地。

數百年來歷史的厚重，彷彿凍結在這座古老靜謐的殿堂裡，有種時空在此靜止的錯覺。眼前一座古樸而神聖的祭臺深深吸引著我。當我向祭臺走去，一股寒意從腳底竄起，祭臺前的空氣瞬間凝結成一道無形的牆，阻擋著我前進，似乎警告著我不要輕易打擾此處的安寧。

片刻後，令人窒息的嚴肅氣息逐漸緩和，我帶著敬畏之心走近祭臺，赫然看見地面上鑲嵌著三片墓碑般的方形石板。正當我專心地端詳上面的文字時，三位肅穆的老修士靈體出現在我面前，祂們的氣場刻劃著歲月的痕跡，身穿古樸的衣袍，散發出深沉悠遠、寧靜而不可侵犯的氣息，時空完全凍結在祂們生活過的遙遠年代。

羅斯林禮拜堂

祂們生前遵循的基督信仰和嚴謹教誡，成為將靈魂束縛在人間的鎖鏈。如今，祂們的靈力縈繞在這座百年教堂中，守護著這一座神聖之地，並與之交融，形成一股超越時空的肅穆氛圍。

我曾走訪過世界上許多知名且具有歷史背景的古老教堂，都有過同樣的感受。在這些古老的宗教場域中，我能感知到幾百年前居住過此處的修行者，祂們的靈魂氣場仍然在此徘徊不去。這座古老的禮拜堂中，三位老修士生前充滿對上帝、美德、善德、信仰、嚴苛戒律的執念，祂們的靈魂凝聚成一股古老濃烈的死亡氣息，透露出難以言喻的未了之情，墓碑四周被祂們生前的執念緊緊纏繞。或許祂們早已在基督天父座旁安享永生，但生前對信仰的執念卻仍迴盪在這古老的禮拜堂內。

這一場景促使我更深入地反思宗教與教條對於人們靈魂意識的影響：

- 堅定地信仰某一宗教，是否也是一種執著？
- 這種單一宗教的堅定信念雖然展現了對神的虔誠，但也可能成為心靈的枷鎖，它能激勵人們超脫物質的束縛，但也可能導致對其他信仰的排斥。
- 極端的狂熱信仰，真的有助於靈魂的解脫嗎？

或許，當對單一信仰的堅持達到忽略其他宗教多元性的程度時，這種信仰就可能變成靈魂的束縛。

一個人在生前僅堅守自己的宗教信仰和宇宙觀，往生後的靈魂卻被這些信仰所限制，這種情況揭示了虔誠與執念在信仰中如何平衡的微妙關係，進一步引發了對善與惡、虔信與執念，以及好與壞之間關係的思考。我無意批判在修道院裡終老的修士靈魂，但是面對這些二元對立，我們應該用什麼標準來評判呢？

在《請問覺醒》中，我的靈界導師曾就宗教對一個人的靈魂意識的影響，給予了以下的開示：「千萬不要小看宗教包容性與靈魂意識的關係。宗教對於靈魂意識的影響程度是相當大的。當一國的宗教性越自由的時候，人民的意識層會越具有彈性。反過來說，生活在極權專制的國家，人民的腦袋會變得僵化，因為他們被教育成只能有一種思維。」

重新思考虔信與自我

宗教的角色是揭示那些我們無法直接看見的世界面向，但不應該導致我們走向極端。「宗教」一詞源自拉丁文，其本意含有「捆綁」之義。透過此種捆綁，人們能夠深入洞察生命的全貌，這是宗教最初的涵義。宗教將所有事物捆綁在一起，包括健康、死亡、轉世、財富、欲望等，使我們能夠見證其整體性。同時，這也揭示出我們必須透過宗教來看待事物的對立面及其統一性。這即是所謂的超越。當我們達到如此層次，便能超脫世俗束縛，以及跳脫出宗教所象徵的捆綁框架，並且看穿生命的幻象。

虔誠信仰本身是中立的，無論是光明還是陰暗、善或惡，都是世界不可分割的一部分。太陽照耀地球，光明與陰暗同時存在，這是世界的真實狀態。然而，當內心的創傷和陰暗面未被適當處理，我們可能會無意識地將這些投射到我們的信仰上，導致對宗教的理解變得過度偏頗。這會使我們對善惡的看法失去平衡，無法清晰地看到世界的全貌。我們必須心存警惕，不要讓信仰成為掩蓋內心創傷的遮羞布，而應將其視為引導我們理解世界運作的燈塔。

我在《透視靈驗》中曾經提到：當你只看到宗教光明面，那你還不夠認識宗教，你必須看見宗教黑暗面，此時才算是了解宗教。你只看到神明濟世渡人的良善面，還不夠認識神明世界，當你了解到神明會利用人性的黑暗面，誘導人走自光明面時，你才真正地了解神明世界。想看見光明的力量，必須先安住於黑暗當中；想在生命中看見奇蹟，必須先從生命的低潮體會恐懼。靈界導師如此教導：「要讓人們對信仰升起不動搖的虔誠心，就是令人們心生畏懼。」

如果我們誤解了宗教對善與惡的詮釋，便可能陷入極端偏執，從而偏離中道，無法真正看清事物的本質。修行的終極目標是讓我們的靈魂更加輕盈、思想更加堅定、心靈更加柔軟，只有這樣，我們才能在充滿善惡的世界中保持一種意識的靈活性。正如尼采的名言：「善與惡只是一種人為的評價，而非客觀的事實。」這兩種看似對立的思想，實際上能為我們的生活帶來更多無限的可能。這種悠遊於善惡之間的彈性與優雅，正是改變命運的源頭。

跨越善惡的二元對立

當我們探討世界的多樣性時，我們應該保持開放的心態，不要過度執著於善惡的二元對立。這樣的執著不僅無法真正理解世界的運作法則，同時也放大我們內在被壓抑的欲望、恐懼、創傷等黑暗力量，而非讓靈魂強大的創造力、智慧、愛、同理心、勇氣等光明力量。當我們敢於釋放執念，生命就會以出人意料的方式呈現她多姿多彩的一面。當我們過度追求對與錯、善與惡，卻可能錯過了讓更美好事物降臨在生命中的機會；相反地，如果我們能夠更包容地看待普遍人性，生命的轉變往往由跨越對立的這一刻開始，只有這樣，我們才能真正體驗到內心的寧靜與豐盛。

在古希臘神話中，命運之神是摩依拉（Moira）。她們是掌管命運和宿命的三位女神，分別代表著過去、現在與未來，象徵著時間的流逝和命運的無常。當我們能夠超越善惡二元對立的觀念，回歸到世界的本源時，我們便從命運女神摩依拉三姊

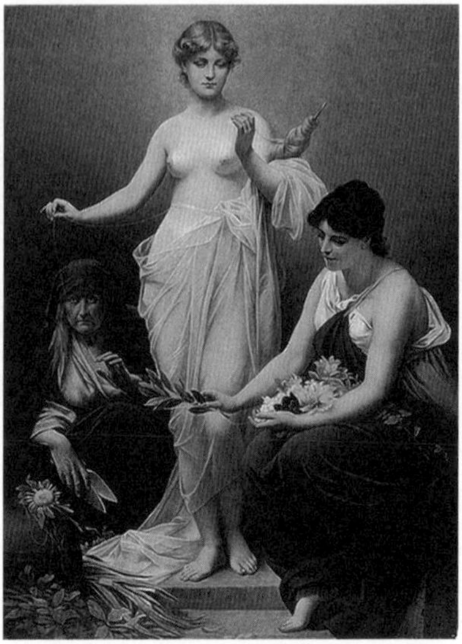

命運三女神

妹手中奪回命運的主導權。

當我們被追求善良與美好的價值觀所影響時，可能會無意識地展現出類似「光明英雄」或「正義仲裁者」的自我膨脹形象，就像神話中的阿波羅一樣。阿波羅在神話中是光明和正義的化身，但他也同樣有傲慢、自大等人性的弱點和矛盾。我們也應該保持警惕，當我們誤以為某種道德、倫理與社會規範才是善的體現時，我們可能忽略了，它所帶來的也可能是侵略與干預的意識力量。

我們可能會不自覺地踰越了他人的生活界限，因此被他人排斥，例如：認為特定宗教信仰是唯一正確的，因此試圖強迫其他人遵循相同的信仰，認為某種特定政治立場才是唯一正確的，因此不斷評論和攻擊持不同立場的人等等。過度強調心中所認定「對的標準」，會導致我們忽視人與人之間應有的界限，進而干擾他人輪迴轉世的靈魂課題。靈魂與天命的關係，猶如火車行駛在各自的軌道上一樣。每個人都是一列獨特的火車，而每條軌道都代表著我們與天命相遇的路徑。我們既無法改變自身火車與軌道的走向，也無法左右他人，因為彼此的生命際遇早已注定。

想要將靈魂提升至更高且純淨的意識狀態，讓好事自然而然地湧向你，就必須避免干擾他人的靈魂選擇。當我們忽視了彼此之間的界限，不自覺地干擾他人的業力，便會阻礙我們自身靈魂與宇宙能量的流通。

當我們遵循這個原則，才能夠改寫命運的藍圖，讓美好的事物自然而然地湧入我們的生活。換言之，改變命運的要件是不要過多干擾或介入他人的生活。如果想做到這一點，首先必須從自我開始，超越善惡的二元對立。當我們釋放了這種侷限性的觀點，我們將不再用簡單的對錯、好壞來評斷自己或他人。只有當我們超越了這種二元的框架，才能真正地放手，讓靈魂意識自由地展現，這樣才能為自己的命運做主。

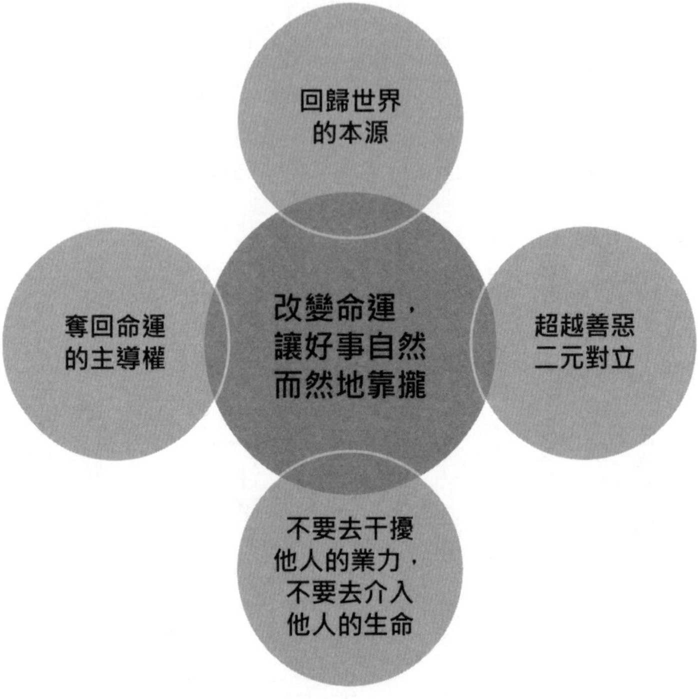
回歸世界
的本源
奪回命運
的主導權
改變命運，
讓好事自然
而然地靠攏
超越善惡
二元對立
不要去干擾
他人的業力，
不要去介入
他人的生命

改寫命運藍圖

看見靈魂的本質

在《請問財富》中，我曾提過靈界導師對我的教導：「不要鄙視靈魂裡的惡魔，它是顯現物質的力量，去除掉貪婪，邪惡將得以轉化進入精神層面。」

有一次，我在夢中遇見了觀世音菩薩。祂站在我的右前方，左側有一個背對著我的模糊人影，我嘗試去看清楚那個人是誰，但無論怎麼努力，都看不清楚他的面貌。觀世音菩薩微笑地問我，為何無法看清那個人呢？我回答說，因為周遭太暗了。隨後，原本昏暗的空間變得明亮，觀世音菩薩再次問我，現在可以看清楚了嗎？我回答說，現在反而太亮了。觀世音菩薩保持微笑，過了一會兒，光線變得稍微暗了一些。我告訴觀世音菩薩，光線仍然太亮，我無法看清那個人是誰。話剛說完，燈光又暗了一些。這時，前方的人影消失了，取而代之的是一顆不發光的燈泡，我可以清楚地看見裡面的鎢絲。我告訴觀世音菩薩，原來發光的是鎢絲，但我卻看不見那個人了。

觀世音菩薩向我微笑地說出以下這段話：

人類在世界中宛如星空裡的星辰，每一顆星星擁有各自的光芒，就像每個人都擁有獨特的心性、特質、個性和喜好。然而，在這些閃耀的光芒背後，也隱藏人性被宿世業障所影響的部分。當所有的光芒消逝之際，每顆星星的本質其實都是相同的。

因此，你必須學會透視一個人的外在與內在，不被其在世界上的表象所迷惑，那僅僅是一時的幻象。你必須明白，每個人背後真正的本質，乃是其靈魂之所在。

當菩薩說完這段話之後，燈泡驟然消失。原本模糊不清的人影逐漸清晰，夢境中的我清楚地知道他不是別人，而是我自己。

觀世音菩薩以此夢境教導我：明心見性、洞察心靈。每個人的內在都是一致的，無區別、無好壞、無善惡。此生的所作所為，皆由累世的業力所引導，當你的心境清晰時，你才能真正理解自己和他人的內在。

還記得第一堂課提到的觀念嗎？「超驗體驗對你的生命轉化扮演著重要的角色，因為它是讓你從現實生活世界跨入精神世界，去挖掘、探索和轉化的一個重要途徑。」這一場夢是我轉化生命的一種超驗體驗，如觀世音菩薩所教導的，一個人轉世到世間，都承襲著靈魂累世的業力，當靈魂意識覺醒那一刻，每個人的靈魂本質都是一樣的。

說來很神奇，在我靈修經歷中，對靈性和生命的體悟都來自於夢境。也許正因這一場夢的緣故，日後，無論一個人做出極善或極惡的行為，在我的眼中，他所表現出來的僅是宿世業力所帶來的行動，而這並不能代表他靈魂本質或生命的全部。

有時候，我們在審視一個社會議題時，會不斷挖掘它過往的一切，像是他曾經做過什麼，或者一竿子打翻他所有的事蹟。但那是不公平的，每一個人的靈魂意識都是由許多意識層所堆疊而成的，人不是單一片面的，而是立體的。一個人包含了身體、靈魂、乙太體，這代表一個人的內在空間蘊含了許多能量與意識層次，而他所展現出的善背後，可能帶著某一種惡，惡的背後可能帶著他無法化解的苦。當我們洞悉靈魂意識的多層面運作後，對他人的行為就會持有更包容的理解，避免草率的妄下批評。基於這樣的理解，我們也同樣不應輕易對自我生命進行批判。

我在《請問輪迴》中提到過靈界導師的教誨：

生命的一切本就不能單一完美，完美包含了善與惡，此生我們每一個選擇與行動皆在善惡之間翻滾流動，我們意念無時無刻皆在世間結善緣與惡緣。放棄此生想要追尋的夢，是不完美的。執著一切想要的事物，也是一種不完美。不執著當下與未來的處境，接受好與不好，這就是完美。

最後，我想與你分享《薄伽梵歌》第四章〈智慧瑜伽〉的智慧之語：「誰能在活動中看見不動，在不活動中體悟活動，此人便是智慧之人。儘管他在此生從事各式各樣的活動，依然處於超脫的境界之中。」

存在於世間的美醜、善惡不過是人心的幻影，是內在靈魂的投射。我們所見，只是心靈深處的渴望與恐懼所織就的幻境，是自我意識在時空之網中編織的夢。這一切皆是心之所向，眼之所及無非是心靈之鏡，映照出我們所願意看見的世界。

當你的靈魂意識提升到這個層次時，會有一種豁然開朗的感覺——世間還有什麼好去批判的呢？

不逃避，才能超越

二元論其實是建立在我們所看見的表象之上。我們被世界所蒙蔽，看不清事物的真實面貌，也看不見宇宙的運作法則。我們只看見我們想看見的樣子，卻忘了世間事物只是我們內心的投射。因此，當你認為你是一個善惡分明的人，其實這個善惡分明的背後，只是你執著於某種善與惡而已。

超越善惡的觀念、看透事物的真實面貌，乃通往悟解本心、自性清淨心、破迷啟悟的關鍵，也是轉凡入聖、明心見性的境界。生命的完整性來自於全然接受世界的本貌，包容善惡、明暗、美醜等一切對立的存在。我們不僅要認識和尊重「至善」的價值，也要認識和尊重「至惡」或陰暗的力量，這樣才能更深刻地理解自己和他人。

當我們有意識地檢視自己對「至善」與「至惡」的定義時，才能窺見我們對命運趨向與逃避的根源。同時，當對善惡有所評判時，就必須反問自己：我們正在對抗的是什麼？如此自問方能轉化我們的意識，進而獲得改變命運的機會。若我們能在「善」與「惡」之間找到平衡，即能超越我們生命中的思維框架。

雖然聽起來類似新時代的思想，或是某種宗教修行，但透過反思的程序，我們同時也在修正對世界的觀點，包括金錢、物質、精神、人際關係等，這些方面皆與我們的內在緊密相連。想要改變命運，攀升至更高的意識層次，並吸引美好事物進入生命，就必須勇敢地探索更廣大的世界。透過身、口、意感知存在於世界上各種文化、元素、信仰、民族，再回歸內心深處反思，與曾經歷過的經驗展開對話，是實現這種轉變的關鍵。

想要釋放過度的執著，實現生命的豐盈，你可以透過以下幾個方式，逐步實現這個目標：

一、**清楚地辨識自己執著的原因**：我們經常被各種事物吸引，追求那些引起心動的元素，可能是人、物，或觀念。這些因素往往成為我們陷入無法自拔的執著深淵。特別是在愛的層面，我們容易無自覺地執著。雖然愛是強烈的情感，但當我們過度執著時，可能忽略其他重要事物，並偏離核心價值觀。需要學會觀察自己，找到執著與和諧的黃金分割點，當你意識到你的生命已被某種事物所牽制時，請告訴自己：「我應該要放下了。或許我應該要適度地釋放對它的執念。」不論你所執著的是有形事物，還是無形的觀點、信仰與情感。

二、**年紀越大，越要學會釋懷**：讓生命自由流動，我們的人生就會逐漸好轉。時間不斷向前推進，有時當你回頭時，曾經造成痛苦的事物可能已過多年。或許我們已經忘卻當初的痛苦感，但那個事件卻難以忘懷。隨著年齡增長，我們應該學會釋懷。這並不意味著必須原諒傷害我們的人，而是讓過去的人事留在它們原本的時空。我們可以選擇不面對或不處理，這也是一種釋懷。這樣至少在現在的生活中，我們不再受到過去傷害的影響。當我們領悟這一點時，心境已經不再被創傷所籠罩，我們能夠接受新的觀念，處理當下生命的議題，而不是被過去所束縛。在夜深人靜時，如果你又回憶起過去的傷痛，請對自己說：「你們就留在原來的位置吧！無論是好是壞，我接受一切的安排。」

三、接納世界更多不同樣貌：不論是宗教信仰、婚姻和人權議題，乃至於同性戀或異性戀的性別議題，我們都應對這世界的多樣事物保持一種開放心懷。每個人均以獨特的方式書寫著自己生命的篇章，我們無法預選生命的軌跡，也無法選擇此生身分與角色。尤其是在錯綜糾葛的人際關係中，有時也難以選擇自己的處境。既然抉擇難以掌握在我們手中，我們更應該以寬厚的心態對待生命，並接納自己與他人難以選擇的身分與特質。如此，就能夠更寬容地看待生命，避免過分地將事物二分對立，讓靈魂意識自由地盈流，並深切地感知命運的多樣性。

四、人生很快地就會走完，不妨慢慢地以欣賞的態度走過這一生：切勿以匆忙的方式度過生命，就像匆匆瀏覽報章雜誌一樣。生活並非永遠豐富多彩，也不必處處充滿驚奇，但你可以選擇賦予生命更深刻的內涵。就像我在本堂課中提及在禮拜堂與修士靈體的交流，這樣看似不可思議的體驗是一種偶遇，並非隨處可見。如果你也想擁有這樣神祕的經驗，你必須做好前行的準備。這意味著要放慢生活的腳步，時時刻刻對事物保有深刻的感受和體驗是很重要的。如同閱讀一本書，無需廣泛涉獵各式書籍，專注深讀一本、爬梳一個觀念，只要你深入其中，必然會在你內心深處中獲得更多的反思。處理自身生命也應該以深度為重，透過深刻的感知，便能激發對生命不同層面的思考。

五、每日與內在自我進行一場深度對話：這是一個轉折命運的關鍵點。深入反思、整理生命歷程，即能扭轉逆境。自我的內在對話並非無意義的獨白或盲目自責，而是一種喚醒靈魂意識的修練方法，每天撥出一段時間反問自己：

- 今天的某個想法是否被簡單地分類為善或惡、對或錯？
- 在做出某個決定時，我的觀點是否受到了善與惡的二元分類所影響？

- 今天是否又以善或惡來批評自己與他人？
- 今天有哪些思維與行為，使自己偏離了中道？

透過這些問題的反思，我們可以更深入地探討善惡對立的概念，並思考自己在日常生活中如何應對這種二元對立。如此的自我提問和反思，有助於我們轉換立場與角色，避免陷入極端對立的思維，並在不同的觀點中尋找共鳴。當你鼓起勇氣深入探索自己內心深處的陰影與祕密時，你會發現那些不願觸及的往事，正是那些埋藏在內心深處的邪惡、混亂與陰鬱，無聲無息地塑造了你生命軌跡的力量。

唯有徹底探索到內心更深處的隱蔽角落，才能真正地感知到生命每一寸土地，進一步地理解靈魂與宇宙意識網之間的神聖關係。

讓好運自動靠攏的修練法則

對世間與人性有所批判是我們大腦的本能，是我們生存在這個世間的力量來源，大部分的日常生活都靠大腦的思維在運作。運用過去的經驗來做決定，同時也會借鑑並分析別人的經驗，作為我們未來行動的依據，透過學習轉化成對自己生命有用的工具，這些都是大腦的功能。當你運用大腦時，你就難以避免運用它的批判能力。批判善惡、評判是非，這正是大腦的工作。然而，如果你想要從大腦思維跳脫到更高層次的靈性意識，進而喚醒宇宙意識，就必須要學會暫緩過度批判的習慣。

暫緩批判並不是完全停止大腦思考，大腦思考無時無刻都在運作的，你不可能按下暫停鍵。能夠調適大腦活動，避免過度運作，及避免受困於特定的過去思維模式。我們應當在面對生命中的快樂、苦難等種種情境，在它們引起你的反應之前，先問自己：「發生了什麼事？」例如：當遇到讓你感到快樂的事情時，試著問自己：「為什麼這會讓我快樂？」當你感到悲傷時，也問：「為什麼我會感到悲傷？」因某事感到憤怒，則問：「我為什麼感到憤怒？」如果這樣的自問對你來說太過複雜，可以嘗試像我一樣，將問題簡化為：「這是什麼情緒？」

當你看到與你價值觀不同的事物時，也請先自問：「我所看到的是否就是全部？」就像前面提到的信仰、宗教、性別、政治等種種，當它們與你的觀念有所衝突時，你要先自我詢問：「我看到的就是全貌嗎？」不斷自我詢問，而不是立即下定論批判。

透過這些對情緒的自我詢問，可以幫助你暫時擱置當下的情緒反應，而不是隨意地表達它們。情緒總是會出現在對世界有所批評之前，當你不再對自我情緒有立即性反應，並持續的練習，你的大腦對外部事物的批判也會逐漸減少。這種自我審視的練習，也可以幫助你暫緩大腦的反應，削弱過於武斷的批判力量，進而開啟通往內心、喚醒更高意識的大門。

憑藉我十多年來運用這項技巧的經驗，我可以向你保證，持續的練習會帶來特定的結果。這些結果會讓你對世間的種種保持一種淡然的態度，並且能夠輕易地釋懷。當你達到這種境界時，你對眼前發生的事情不會立刻做出反應，因為這意味著你的靈魂已經昇華到一個更高的層次。在這個層次上，當挑戰與無常發生時，你能夠以更多元和多層次的方式來處理，使你的生命顯得更加靈活和富有彈性。

強效心靈語句 讓好事自動歸位，輕鬆改寫未來命運

◆ 要讓人們對信仰升起不動搖的虔誠心，就是令人們心生畏懼。

◆ 修行的終極目標是讓我們的靈魂更加輕盈、思想更加堅定、心靈更加柔軟，只有這樣，我們才能在充滿善惡的世界中保持一種意識的靈活性。

◆ 存在於世間的美醜、善惡不過是人心的幻影，是內在靈魂的投影。我們所見，不過是心靈深處的渴望與恐懼所織就的幻境，是自我意識在時空之網中編織的夢。

◆ 二元論其實是建立在我們所看見的表象之上。我們被世界所蒙蔽，看不清事物的真實面貌，也看不見宇宙的運作法則。

◆ 閃耀的光芒背後，也隱藏人性被宿世業障所影響的部分。當所有的光芒消逝之際，每顆星星的本質其實都是相同的。

◆ 你必須明白，每個人背後真正的本質，乃是其靈魂之所在。

◆ 隨著年齡增長，我們應該學會釋懷。這並不意味著必須原諒傷害我們的人，而是讓過去的人事留在它們原本的位置。

◆既然抉擇難以掌握在我們手中，我們更應該以寬厚的心態對待生命，以及接納自己與他人難以選擇的身分與特質。

◆當你鼓起勇氣深入探索自己的內心時，你會發現那些不願觸及的往事，正是那些埋藏在內心深處的邪惡、混亂與陰鬱，無聲無息地塑造了你生命軌跡的力量。

◆唯有徹底探索到內心更深處的隱蔽角落，才能真正地感知到生命每一寸土地，進一步地理解靈魂與宇宙意識網之間的神聖關係。

喚醒靈魂原力密咒

我所見非真，我所聽非實，唯有靜心等待，生命賜予不同的證悟，才是真理。

第5課 與宇宙秩序合一

英國詩人與哲學家柯勒律治（Samuel Taylor Coleridge）曾說過：「若你愛基督教勝過真理，接下來你就會拋棄這個宗教，只愛自己的教派、教會，最後你就會只愛自己。」

由信仰造就的框架

臺灣無疑是一個深受宗教影響、充滿多靈與多重信仰的國家。儘管大部分的人在日常生活中表現出強烈的世俗化特徵，且只有一小部分的人會經常參與宗教活動，但佛教、道教等傳統宗教仍在他們的生活中扮演了重要的角色。臺灣的宗教信仰大多源於家庭傳承，但成年之後仍會根據自己的「喜好」自由選擇。與其他將某宗教列為國教的國家不同，宗教在臺灣並不具有強制性的「專制」影響力，而是提供給人們一種後天養成的「環境」。

宗教在人生中的意義，主要體現在提供精神支持、凝聚志同道合的夥伴，以及在面臨生活困擾時提供靈性指引。因此，宗教成為一種提供心靈慰藉、寧靜、靈性和道德思考的空間，而我們的靈魂在這些空間中得以轉化與滋養。然而，宗教也不全然是正向與光明，社會學家沃夫（Alan Wolfe）在《道德自由》中提到，他研究了美國各地的情況，發現許多受訪者認為宗教並未給予他們慰藉、指引或支持，反而感到壓迫。正信的宗教信仰，雖然會帶給我們靈性覺醒、靈魂意識提升並改變未來命運的能力，但應該以人們的自由意識以及對宗教活動與教義的自主性為前提。

宗教是一把雙刃劍，並不一定會帶給人們心靈的自由和靈性的成長，雖然能夠提供指引和安慰，但也可能限制個體的思考和自由。因此，即使是沒有宗教信仰的人，也可以透過其他方式來實現靈性的覺醒，例如：透過系統性和技術性的正念、冥想、思辨、觀照，逐漸喚醒內在更強大的力量，並改變自己的命運（這四種內在修練的技巧，都必須透過嚴謹的教學並依序遞進，才能充分地運用在生活中）。因此，改變未來命運的關鍵並不一定在於宗教信仰，而是靈魂的覺醒。唯有當靈魂從沉睡中覺醒，我們才能跳脫命運束縛並走出困境。

人類現今生活的世界出現最大的問題是，我們的宗教觀、世界觀與價值觀是依循在統治者的功利之下，以及神職人員對末日啟示錄（西方宗教對世界末日與大災難預言，以及救世主彌賽亞的降臨）過度的詮釋，導致靈性意識缺少活力而變得狹隘。修行有助於喚醒你回到內在，去思考此生轉世輪迴意義的不可思議力量。

神明與人之間有著某種微妙的聯繫，就如同古人所言，天地與人之間存在著深刻的互動。天，象徵著無形且默默地遵循著自然界規律的力量，以及與自然界共享無窮無盡的寬廣，是所有生命的源頭；地，則提供了萬物生存的能量，它是一切生命的根基；人，儘管在蒼茫浩瀚的宇宙中顯得微不足道，但並不代表人類的存在意義必需置於神靈之下，或依賴神靈才能獲得創造生命的力量。人類看似居住在物質的天地之間，靈魂與意識卻能自由穿梭於靈魂界和屬靈世界，超越了更高層次的次元，在浩瀚宇宙中扮演著連接天地的橋樑。因此，人類存在於天地之間更顯得珍貴與獨特。

儘管如此，我們仍須以崇敬的信仰[6]來面對天地，這樣才能讓靈魂意識貫穿並融入這兩者之中，正是這一種人類才有的殊勝內在動力，讓我們得以探索意識與宇宙之間的深度和奧祕。我在《請問輪迴》也提到，不要一直活在宗教所創造的世界，要從宗教擷取力量走向生活，讓自己活得像一個完整的人。這個過程就像在廣袤的宇宙中扎根自身的生存之源，這同時代表著我們重返自然，重新與宇宙合而為一的過程，並從中汲取改變命運的無窮力量，我們就能塑造出一個獨一無二的未來。

信仰是來自深層內心，超越了物質世界和任何形式的表達，它是與神祕力量連結的結晶。不論是參與宗教儀式、獻上有形的祭品，抑或是金錢的奉獻，都應源自內在的共鳴與良知，這才是對天地、神靈與信仰無上的虔愛。這份虔誠的心超越了多種宗教觀念與修持的差異。

當我們以此信念深化對生命和內在信仰的探索，便能見證到生命的奇蹟和宇宙之力，它將以某種形式在生活中顯現，以此回應我們的期盼。同時，命運必然不會

6　此處所說的信仰，是指某一種堅定不移的生命態度，並非與某一種宗教有所連結。信仰是知識、價值觀、態度等可以被定義為確切的真實信念（justified true belief），可以作為個人觀察世界、決策與行動的原則和指引。

虧待我們，而正面的機緣與好事頻率也會自然而然地降臨在我們身上。

跨越宗教桎梏

在追求靈魂覺醒的道路上，經常會遭遇來自社會、文化、家庭的外在限制，以及內心深處的自我束縛。這些障礙可能源自於我們所處的環境，或是我們深信不疑、期望能夠轉變命運的信仰。然而，當我們勇敢地跨越這些界限，真正的靈魂覺醒與生命啟示便會如曙光初現。只有當我們擺脫宗教的桎梏，以全新的視角去探索世界，才能真正自由地體驗生命的豐盛與美好，如此，我們的靈魂將被激發，開啟改變命運的無限可能。

我曾經歷過兩次宗教帶來的信仰衝擊，一次是南傳佛教，另一次則是伊斯蘭教，這兩次衝擊都為我帶來了很深刻的體悟。

我第一次聽到「南傳佛教」，是從一位預約靈性諮詢的比丘尼口中得知，在此之前我完全不認識它。當時她提到即將前往斯里蘭卡深造南傳佛法，我因此對南傳佛教產生了強烈的好奇心。多年後就讀研究所期間，恰好佛教研究組開設了一門與南傳佛教相關的課程，我上了兩學期的課，並投入大量時間閱讀相關文獻，此後也多次前往泰國拜訪佛寺，親身體驗他們如何實踐和宣揚釋迦牟尼佛的教導，使我對南傳佛教有了更深入的理解。

南傳佛教中的釋迦牟尼佛，是歷史上真實存在的人物，而非僅限於經典描述中的形象。祂不是應求的神明，也不是無所不在的救世主，而是一位智慧與德行兼備的覺者，一位指導我們斷除煩惱的生命導師。祂所傳授的專注呼吸、培養正念及內在平靜等方法，都是實踐性強且具體可行的修行方法，能幫助我們在動盪不安的生活中尋找平衡。這不是建立在遙不可及的神話或抽象理論上的信仰，也不是依賴於任何外在力量，而是強調自我實踐和逐步提升的技巧。

然而，這與我原本的多神論信仰與鬼神觀有著顯著差異。我的信仰經驗與神靈、靈魂、輪迴等概念深深糾纏，塑造了我對世界的看法。兩者之間，不僅宇宙觀、理念與教義上存在根本矛盾與衝突，也有著難以跨越的鴻溝。這種信仰與實修的差異，可從近代一位南傳佛教禪師阿姜查的一段教導中窺見。

阿姜查是一位在泰國極具影響力的禪師。第二次世界大戰期間，一位信眾提出質疑：「這個世界正深陷於殘酷的戰爭之中，無數生命在這場災難中湮滅，被無情的戰火吞噬。戰機穿梭於天際，呼嘯而過。然而，在這樣混亂的時代，我們修持正念又能為世界帶來什麼助益呢？當眾生深陷苦難之中，我們的正念又能扮演怎樣的角色呢？」

阿姜查回答：「你有哪些能力可以改變這個世界呢？如果現實注定了這樣的命運，你又能以何種力量影響這個時代的趨勢呢？當你的內心無法平靜時，又該如何應對這個混亂的世界呢？」言外之意是，企圖改變世界只是傲慢與自我中心的表現。

南傳佛教的解脫之道，旨在引導我們超越世俗的二元對立，以平等心觀照事物的真實本相，而不執著於世界的運作。世界的運行是天意，我們只需順其自然。然而，內心世界是由我們自己創造，我們有責任去看顧它。當心充滿力量且達到平靜時，你的生活也將變得更加寧靜與和諧。阿姜查禪師的教導讓我們的心從紛擾世界轉向內在的寧靜，展現了信仰對生活的轉化力量。

南傳佛教的核心在於「認識自己內心」。它強調覺知當下的感受和念頭，透過自我覺察來轉化內心的煩惱，達到清淨解脫。這引發了我對神性意義的深刻反思：神的存在對我們的生命意義何在？釋迦牟尼佛是否真如經典所述，擁有不可思議的神通？他是否真與眾仙佛菩薩有眾多對話？這些問題不在於追求事實真相，而在於從另一角度思考它們對我們生命的影響與作用。我們應如何從釋迦牟尼佛的教導中審視自己的生活，並以此改變命運？我相信，經典中的故事，無論真偽，其重要性在於激發我們對生命各層面的反思。

透過接納不同的信仰觀，我們的內在世界便開始在微觀與宏觀之間轉動，如同在開啟與封閉的意識之門縫隙中迅速穿行，如此強大的動能不僅改寫了我們的既定命運，同時打破固有的思維模式，開啟創造性思考的大門。它不僅是一種思想上的轉變，更是靈魂的覺醒，引領我們以廣闊的視野和更豐富的情感，啟動生命的無限可能性。

信仰能夠引領人們達到內在的深層轉變和淨化，從而影響生命和命運。在多神教國家，我們經常將改變命運的希望寄託於具有神聖象徵的神像。除了對神像的虔誠膜拜，在某些特殊的宗教聖地，人們也能體驗到來自神聖存有的能量啟迪，以及超越理性的神祕轉化。這種無形卻切實存在的神聖真諦，引領著我們進入一種寧靜與神聖合而為一的境界。在二〇一五年參訪摩洛哥哈桑二世清真寺的過程中，我便體驗到了一種無法言喻的至高美感和深沉的寧靜，這股力量與我日常信仰所帶來的

位於摩洛哥卡薩布蘭卡市的哈桑二世清真寺，是全球第三大清真寺，也是唯一直接建在海上的大型清真寺。

體驗截然不同，賦予我前所未有的感受。

外觀宏偉壯麗的哈桑二世清真寺，宛若一座白色方塊堡壘，簡約而莊嚴。踏入內部空間寬敞清涼，猶如身處無垠蒼穹，靜謐肅穆的聖潔氛圍將我緊緊包覆。牆上彩繪裝飾與厚實地毯相映成趣，展現對真主的虔誠敬畏。在神祕的幾何花紋與聖潔光輝交織的氛圍中，內心頓感寧靜，彷彿置身靈性的禪境，無聲卻深邃有力的能量。在這聖殿之內，塵世喧囂消散、心海平靜，人生煩惱化為虛無，天堂之門近在咫尺。

這不僅是一座宗教建築，更是信徒與真主靈性連結的聖地。

我早已習慣在臺灣街坊隨處可見的寺廟堂前，虔誠合十禮敬神像，祂們是信眾心靈的寄託和依歸。然而走進清真寺，完全看不到任何神像的蹤影，只見虔誠的穆斯林們在這寧靜空間內，以純淨的心靈與造物主連結。這種截然不同的宗教體驗，讓我頓時手足無措，找不到可以膜拜的對象。此時，我想起美國神話學家約瑟夫·約翰·坎伯（**Joseph John Campbell**）曾說：「當我們不停向外擴充探索旅行時，我們總不可避免的最後要回來探索自己的存在。」心中出現深邃的聲音，反問我：

- 在信仰中，視覺符號與具象神像的重要性何在？
- 在缺少具象神靈與符號的空間中，我們如何向內心的神表達虔誠？
- 我們應如何在外在世界展現內在的信仰？
- 面對沒有神像的神聖場域，如何讓內心的痛苦獲得慰藉？
- 在法會中，缺少神像與宗教器具，我們如何感受到神性與恩典？

這些反思源自靈性對宇宙的呼喚和探索。它們如同一面鏡子，映照出我們對神靈存在的信仰本質，以及對人生意義的終極追問，並啟發我們進一步思索：信仰如何賦予我們生命價值與意義？它又將如何影響和引導我們的人生命運？我們須謹記的是，信仰是一座通往神聖的轉化殿堂，使我們的意識能夠突破肉體和物質的束縛，洞見生命的終極意義。

從信仰到內在原力

過去二十多年的靈修經歷深刻地塑造了今日的我，而南傳佛教和清真寺的體驗與反思，則對我的信仰觀念產生了劇烈的撞擊與衝突。面對這兩種截然不同的宗教信仰時所引發的震撼，曾讓我陷入心靈困境，幾乎放棄了最初的信仰。

我的靈修背景賦予我通靈的能力，使我能與神靈、靈體、鬼神、往生者對話，同時洞悉他人心靈世界以及前世今生。在南傳佛教和伊斯蘭教的信仰中，這些神祕且隱蔽的特殊能力都被視為禁忌，然而，這些能力已經是我靈修歷程中的命脈，它佔據我靈性地圖上絕大部分的版塊，也是我生命旅程中的重要組成。多神論、無神論與一神論，三者信仰間存在著巨大差異，起初，我試圖尋求融合與拉近兩者之間的鴻溝，但彼此之間的共通點實在模糊難辨，促使我努力在理解和觀念間尋求融合，在種種差異中探尋共通之處。

經過多年的磨練和探索其他多元信仰後，我意識到，信仰的多樣性並不要求我們否定過去的自我。相反，它為我們提供了一種對生命全新的理解和體驗方式，讓我們重新審視當下的信仰、生命和價值觀，使生命更接近真理的轉變和整合過程。

信仰是由生命淬鍊之後挹注靈魂的強大能量，它是支撐你生命與精神體的力量，並在你來到這個世界之前，就已賦予了必須與之共存的命運。當你接受新的宗教理念時，不僅要將它融入本有的信仰體系，同時必須將它視為一種改變生命契機的靈性課題。

宗教史學家米爾恰．伊利亞德（Mircea Eliade）在其著作《聖與俗》中曾說：「宗教人活在一個開放的世界中，而且，他的存在也向世界開放。這表示宗教人能達到一種連續而無窮盡的經驗，可稱之為宇宙性的經驗。而且，這樣的經驗總是宗教，因為世界是神聖的。」因此，你不應該排斥或否定任何一方，而應該有系統且技巧性地將新舊信仰與觀念，透過內化、融合、磨合和消化形成一套密鎖式的內在修練，培養出內涵豐富、深層信仰的精神，生成你的原力（force）[7]，以此來敲開全新生

7 在電影《星際大戰》中，原力被描繪為一種能量場，它由所有生命創造，並維繫著整個宇宙的存在，與我們在現實生活中透過內在修練所生成的能量一致。

命的序曲，超越命運的桎梏。

回應與整合不同的信仰

在臺灣這個多神信仰的社會，如何將不求外在鬼神的信仰觀融入我們的生活，使生命更加美好？方式有許多種，取決於每個人的自由意識。人性存在著多重層面，既有世俗也有神聖的一面。我們可以在日常生活中透過鬼神來體驗神聖的存在，同時也能在神聖的領域中感受世俗生活的影子。當我們將宇宙的存在視為內在力量，並以此作為信仰的核心，我們的靈魂便能與至高無上的存在產生共鳴，回歸到無分別的世界，引發靈性覺醒，從而改變命運開啟夢想成真的大門。

你的心靈如同一座神聖的寺廟，信仰的神靈安住其中。日常生活中的每一個行為和思想，都是對這座寺廟的敬拜和尊重。這是對神明與神性最深切的愛與敬意，雖然兩者本就是一體。不必盲從他人的指導，而應聽從內心的虔愛之聲。信仰是個人的體驗，不應被任何外在形式所限制。

我的靈界導師在《請問輪迴》中曾提到：「每一個人都必須要找到自己真正的

歸屬，歸屬是一個法則，就如同花草找到了它的歸屬，當它落地生根的時候會發芽，會依照它應該有的樣子成長。這就是歸屬，這就是法則。」回歸內心的歸屬，實際上是一種信仰之路。它能讓我們的靈性意識覺醒，唯有如此，我們才能與更高層次的宇宙意識相連接。

當我們找到內在的信仰時，屬於你天命中的事情自然而然就會發生，引領我們走向更高意識的道路。若你能以超越世俗的觀點看待世間各種宗教信仰，就會明白宗教界的隔閡實際上是人為因素造成的。每個宗教對世界觀都有不同的詮釋解讀。我們理當透過宗教的整合聯通，讓人與人之間建立更深刻的關係，讓你對他人與世界有更多同理的感受。

在現實生活中，若對周遭的人事物漠不關心，缺乏耐心和同理心，我們便無法深刻感知生命的存在本質。這些本質是感知生命存在的必要條件，因為它們讓我們能夠超越表面的交流，觸及生命的本真面貌。同理，在膜拜神明時，如果缺乏內在的感知力和對世界的同理心，我們也無法真正理解應該如何虔誠地膜拜。因此，拜神應以內在覺知和共感為基礎，這種內在覺知的能力，是透過日常生活中對他人的關懷和內在理解逐步培養出來的。

當我們培養出良好的內在覺知，自然就知曉應該如何禮敬神明，而不需依賴網路資訊、某位老師的教導，或刻板儀軌。這種覺知力可以透過冥想靜心、自我反思以及實踐靈性體驗來培育，而對現實生活中的人和事物保持同理及感恩之心，是建立內在覺知與生命連接的第一步。當你的內在覺知力達到一定深度時，你才能真正感知如何虔誠地向神明祈禱奉獻，這種覺知不僅限於物質層面的供奉，更涉及精神層面對神明的敬重。在這種狀態下，當你進入任何一座神聖空間時，你的靈魂與宇宙間會真誠的共鳴契合，內心勢必會湧現非常強烈而寧靜的安住感。

事實上，將神靈具象化，反而會將祂原本無限的力量限制在一個特定的形式裡。信仰之所以有著無窮的力量，正是因為它蘊含著未被具象化的無限可能。當你試圖用有限的觀念來定義神明時，原本無邊無際的力量就會被人為框限和約束了。當你發現自己與諸神具有相同的神聖存在時，你的視野將會開闊，靈魂將完全對應到宇宙頻率。這種概念將啟發你的內在神性，喚醒你內心的神聖之光，讓你在日常生活中也能實踐信仰。

每個人都被賦予了選擇自己信仰道路的自由。你可以選擇無神論，也可以信奉多神教；可以不相信來世，也可以相信天堂與地獄的存在。無論你的選擇如何，重要的是找到那股驅動你前行的原力，並將其作為你不可動搖的精神支柱。

與宇宙的秩序和力量合一

當我們談到「神明」，我們指的是宇宙間神祕且神聖的本體實相。而你對神明的定義，取決於你當下靈魂意識所處的層次。神明可以呈現固定的形體，同時也可以是超越自然定律的體現。你可以將神明視為一個具備個性、情感、性別或喜好特質的形象，你也可以將祂理解為一種超越物理和心靈層面的存在。祂是宇宙的規律和秩序，祂無所不在，祂蘊含萬物的本質，是超越意識領域的存有實相。

神明是推動星辰運行、物質變化，以及生命生成與消逝的神祕力量源泉。它的存在喚醒我們對生命奧祕的思索，同時也引導我們的靈魂擺脫混沌，進入宇宙的四季循環、晨昏交替的神聖節奏之中。這是神明對靈魂的恩惠，使我們脫離俗世，踏上通往神聖高峰的靈性之路，最終達成個體與宇宙主宰的合一之境。

神明是宇宙運作法則的體現，你必須在自由意識下連結你與神明的關係，找到你生命和諧之道。想要從神明身上獲得力量，就必須做祂們喜歡的事情，這不僅意味著你必須遵循著內在良知行事，同時與神明所代表的宇宙脈動，慈悲、關懷、大義、無私、大愛相融合一。這些行為不僅是對自己、他人以及神明的尊重，同時也將改變你的未來命運。

我的靈界導師在《請問輪迴》中曾經說明：「在每一次輪迴中，靈魂會去尊重與學習每一個物種在循環時運作的法則，而不是去破壞其他物種、大自然與宇宙的和諧法則。若有一個人，他透過觀察事物及宇宙的改變，瞭解到自己生存於世間的渺小，他會懂得謙虛。不過，有一種人，他並不清楚，他並不尊重大自然與宇宙，他企圖運用各種方式去改變世間所有的一切，包含去奪取不屬於他此生循環所需要的元素——他是在破壞其他的物種、大自然、宇宙以及他本身循環的運作法則。在這件事情發生的當下，他跟被他破壞的對象的沾黏性更大了，他跟這個世界關係更為緊密。他會繼續掉入這個運作循環當中，一直重複，一直重複，一直重複，他必須不斷輪迴—除非他醒覺了，意識到靈魂投入這一個有限壽命的極限，此時他會遵循本身與宇宙的法則，不再干擾、奪取本身生長必要的養分。」

每當你試圖攻擊、破壞或扭曲宇宙的平衡秩序時，你所釋放出去的那股負面能量，會如滾雪球般越滾越大，最終必將反噬並傷及自身。正如印度拉瑪那尊者在《稀世珍寶》中的教誨：「神恩乃宇宙力運作的顯化，能以不可知的律則，行其神奇奧祕而改變事件行程；此不可知的律則，遠優於一切自然律，能變更自然律的運行，乃宇宙中最強大之力。」

讓好運自動靠攏的修練法則

要重塑看似不可能改變的命運，可以從宗教中汲取無限的力量。尤其是在生活中遇到了似乎無法突破的瓶頸時，試著打破既有的價值觀，以開放的心態重新審視宗教信仰，讓信仰無限性的奇蹟滲透進生活的每一個角落。當生命之路帶來挑戰時，這股力量將與你同在，幫助你渡過難關。

在現實生活中遇到與你的宗教信仰相違背的事件時，不要急於否定或批評。相反地，嘗試透過冥想來理解和融合不同信仰之間的差異，找到和諧共處的方式。冥想是適用於所有人的修練方式，不僅能鍛鍊心靈之力，更能鑄就堅毅的信仰。想要與宇宙建立聯繫，並培養出能轉變生命的信念，不妨嘗試以下冥想步驟：

1. 閉上雙眼，深呼吸，讓身體放鬆，感受所有煩躁逐漸消散。

2. 將注意力轉向內在，感受你的心靈正在向內部深處探索。
3. 集中你的意識，感受所有分散的能量正在匯聚，你成為了這個時刻唯一的存在。
4. 感受那股力量深入你的內心，越來越深，直至達到寧靜與安住的中心點。
5. 當你抵達中心點時，會聽到宇宙的聲音——嗡嗡聲，讓它從你的內心升起。

透過這樣的冥想，你將體驗到一種前所未有的優雅和輕柔，這是一種高度的心靈品質。這種觀照的力量將帶你超越當下，進入更高的意識層次。

當你持續訓練你的心靈，你將體驗到無法言喻的愉悅和神恩。你的靈魂將變得更加柔軟和有彈性，這種轉變將重塑你對世界的看法，並影響你的命運。這種訓練與特定的宗教信仰無關，因為你自己就是你信仰的核心。只要你願意，就給自己一次機會。

強效心靈語句

◆宗教成為一種提供心靈慰藉、寧靜、靈性和道德思考的空間，而我們的靈魂在這些空間中得以轉化與滋養。

◆唯有當靈魂從沉睡中覺醒，人們才能跳脫命運束縛與瓶頸並走出困境。

◆天地與人之間存在著深刻的互動。天，象徵著無形且默默地引導著自然界規律的力量；地，則提供了萬物生存的能量；人，則扮演著連接天地的橋樑。

◆人類看似居住在物質的天地之間，靈魂與意識卻能自由穿梭於靈魂界和屬靈世界。

◆不要一直活在宗教所創造的世界，要從宗教擷取力量走向生活，讓自己活得像一個人。

◆信仰是由生命淬鍊之後注入靈魂的強大能量。它是支撐你生命與精神體的力量，並在你來到這個世界之前，就已賦予了必須與之共存的命運。

◆你的心靈如同一座神聖的寺廟，信仰的神靈安住其中。日常生活中的每一個行為和思想，都是對這座寺廟的敬拜和尊重。

◆當你發現自己與諸神具有相同的神性時，你的視野將會開闊，靈魂將完全對應到宇宙頻率。

◆冥想是適用於所有人的修練方式，不僅能鍛鍊心靈之力，更能鑄就堅毅的信仰。

◆透過這樣的冥想，你將體驗到一種前所未有的優雅和輕柔，這是一種高度的心靈品質。

◆當你持續訓練你的心靈，你將體驗到無法言喻的愉悅和神恩。你的靈魂將變得更加柔軟和有彈性，這種轉變將重塑你對世界的看法，並影響你的命運。

喚醒靈魂原力密咒

我深信，內心乃是我創造力的根源，我的心塑造了生命所需要的一切。願我的心更寧靜，願此寧靜使我的生命更趨向圓滿豐盛。

Part 2
解除防衛，喚醒自己的天生好命

第6課

踏上內在神性之路

創造命運、吸引好事的關鍵在於心態和思維。正如亞里斯多德（Aristotle）所說：「凡是創造或增進快樂或部分快樂的事物，我們應該去做；凡是破壞或阻礙快樂，或引起其相反的事物，我們不應該去做。」若抱持負面態度，將阻礙好運；反之，若希望獲得神明眷顧，則需避免讓神明不悅的行為，並積極做神明喜愛的事。如此一來，我們便能得到神聖寧靜、神明福佑、宇宙靈感，以及趨吉避凶、克服生活困難與挑戰。然而，多數人並不清楚神明和命運之間的關聯，也未能做到「神明喜歡的事」。

說到做「神明喜歡的事情」，一般人可能會直接聯想到膜拜神像、為神像穿上華麗的衣物，以及依循古禮奉上神明喜歡的食物和鮮花等。實際上，神性引導人們依循內在良知，去做富有智慧且善意的事，避免對社會和他人造成不必要的困擾。

每個人的天命都各有不同，因此，喚醒靈魂意識並遵循天命，就是神明所喜愛並期待我們做的事。同時，將自己的神性奉獻給神明，並努力淨化靈性，喚醒靈魂的意識，服務於內在神性，這是對神明最崇高的敬意。

在這堂課中，我將會揭示一個人如何喚醒靈魂意識、銜接天命，逐漸成為神明青睞的對象。如此，你的命運也會隨之改變，並引導好運降臨。同時，神明的智慧和靈力將永遠加持你的靈魂，使你的靈魂時時與神明保持同步。當你順應宇宙法則，生命的無限可能性隨即啟動，通往更高層次存在的道路也將自然開啟，為你的命運帶來更豐富的意義。

我將從三個層次來談論通往神性的路徑，每個層面都有其獨特的任務和條件，但本質上都指向內在的神性。你可以將它們視為達到神明所喜歡的三個步驟，同時也可視為通往內在神性的三種途徑。它們分別是：

藝術家階段 (Artist)，透過創造力與想像力洞見內在世界的藝術家層次；

虔敬神職人員階段 (Devout Clergyman)，引領他人親近神性，並虔誠事奉神明的神職人員層次；

密修隱士階段 (Hermit in Esoteric Practice)，徹底遁入內在，與神性合而為一的隱士密修層次。

這三個層面並不需要全部達成，而是取決於你當下的生命狀態、個人特質以及對生命的理解和體驗，選擇最適合自己的方式來實踐。每一條路都有其獨特的意義和價值，雖看似各自有別，卻並不相互抵觸，最終都將引領我們返璞歸真，找到內在的神性所在。

在本堂課最後的「讓好運自動靠攏的修練法則」中，我將告訴你達到這三個階段的方法。

第一個階段：藝術家

在第一個階段，你要視自己為藝術家，或是讓你的靈魂意識達到這個層次。藝術家的工作，就是透過語言、創作和行為，準確地表達內在的神性，將靈魂意識的碎片拼湊成完整的畫作，使生命中的不完美、匱乏、不圓滿、破碎和衝突之處，都能獲得圓融解決。托爾斯泰曾說：「一個人為了要將自己所體驗的感情分享給他人，於是在心中重新喚起這種感情，並用某種外在形式來表達它——這就是藝術的定義。」你需要更深入地探索內心世界，提高對感受和靈感的敏銳度，同時努力實現內在心靈與外在經驗的完美合一。

在這個階段中，你必須將神性（或你所認知的生命高等力量源頭）視為靈魂本質，同時理解自我就是神性的體現。這是藝術家「靈魂」所在。神性是我們的靈魂、精神或本質的核心，也是我們與宇宙意識相連接的橋樑，使我們能感受到超越物質層面的存在。你可以從藝術家的角度來理解神性：它是超越世俗的另一種美好境界，與世俗之美不同。因此，每個人對內在神性的體驗都是獨一無二的，是個人內心所嚮往的圓滿狀態。

雖然每個人的身體、思想和生命體驗各有差異，但我們都是宇宙的一部分，我們的存在即融合了光、宇宙和神聖。我們內在的神性雖在外在形式上有所區別，但在本質上卻是同出一源，神性也是我們靈魂產生深刻聯繫和交流的紐帶。生活中的每一個當下，無論你做什麼，靈魂深處的內在神性都在見證你的舉止行為和抉擇。古語「舉頭三尺有神明」，並非指住在天空中的某位神祇，而是指存在於每個人內心的這份神性。神性同時也有良知的寓意，它是我們生命的導師、生活的指引，幫助我們分辨善惡是非的界限。

神性如同一把無形的尺，只要生活在神性引導的範疇之內，便都可視為順應了神明對我們的期許和祝福。當我們沉靜心神專注傾聽內在的聲音時，神奇的靜默就能感受到神性指引我們朝向某個方向前行。這是一種超越語言的直覺感知。或許是在做某些事時會有一種內心的平靜感；或是在特定時刻對另一境界的存在有所感知，這些都是神性以某種外在力量提示我們，神明所喜悅的行為與方向。

你或許會質疑：真的每個人都擁有這份神性嗎？為什麼我總是感受不到它的存在呢？

我的靈界導師曾說：「人，總是受到一股無形的力量引導你們走向某個方向。這股力量難以言喻，或許你稱它為命運，或許你稱它為業力，它就是冥冥中的神性，人人受它影響。你若感受不到它，是因你未曾相信它與你緊密存在。人須像水般靈動輕盈，帶赤子之心，方能感神性之力。」

業力是銘刻在靈魂記憶深處的印記，也是前世行為對當下所造成影響的根源。我們可以將業力理解為一種塑造我們命運的原型力量。業力很難完全消除，我們只能有意識地感受它的存在，並減少它對我們的影響。正如魯道夫·史丹勒在《靈性科學入門》中所說：「我們應該更關注業力對未來的影響，而不是一直沉迷於業力與過去的關聯。」想要徹底扭轉命運，就必須先除去這些根深蒂固的習性枷鎖。

我們的生命就像棋盤上的棋子，背後隱藏著一位無形的棋手，這位神祕的棋手就是業力。大部分時候，我們都被宿業（Prarabdha）[8]蒙蔽了雙眼，看不見神性的存在。過去世的習性阻礙了我們對真相的洞察和理解，宿世業力沉痾遮蔽了心靈視野，使我們看不清事物本質與生命實相。

就像孩子一樣。當孩子擔心自己的行為會惹惱父母時，常會選擇隱瞞實情，以免受到責備；有時候如果情況危急，甚至會撒謊來掩飾過錯。為什麼會有這樣的行為呢？儘管每個孩子的個性、興趣和性別不盡相同，但他們心中都存有一種行事準則，來評估自己的行為是否恰當：這麼做會不會惹惱大人，或是否能取悅他們呢？有的孩子尚未學會如何聽從內在準則，也難以自我約束，所以偶爾會有一些無法控制的行為，對成年人來說也是如此。

在生活中，經常可見難以自我約束的行為。例如：隨地亂丟垃圾、半夜亂鳴喇

8 過去世所累積到現世已成熟的業。

叭、四處論人是非、違規停車，以及散播不實的謠言……。或許有人會認為這只是微不足道的小事，與神性、神明或命運改變似乎沒有直接關係。然而你必須明白，每一個微小的行為和想法，都在決定著你的生命是朝向順應神性，還是背離神性的道路。

累世以來習性沉痾的影響，可能暫時遮蔽了你內在神性的光輝，使你當下無法克制自己，受到心智的干擾而忽視後果。這種蒙蔽良知的黑暗力量，常在我們內心肆虐。如果我們持續忽視，從未聆聽內在神性的呼喚，這股黑暗力量終將吞噬我們靈魂本應擁有的力量，使我們終生無法聆聽神聖的聲音，更遑論做出與神明相契合的行為，從而改變未來的命運。

當你的靈魂意識達到藝術家的境界時，你將能更深入地傾聽內在的聲音，外在言行也將反映出內心深處的情感思想。這種自然而然的內外交融，將增強內在世界的覺察和體會，使你能時刻維持高度的覺知和自覺。而當你深刻感受到內在神性的召喚並積極回應，外界的喧囂將不再干擾你的內心，你的神性將綻放光芒，言行舉止和內在思緒也會與神明的期許相契合。

第二個階段：虔敬神職人員

想要深入體驗「虔敬神職人員階段」所帶來的生命奇妙轉化，除了實踐藝術家意識層的細心傾聽內在神性聲音、不做違背本分的事之外，也需要具備一定程度的宗教信仰。對虔誠的神職人員而言，神性無時無刻都在傳話，唯有透過對信仰的虔敬，才能領會它的呼喚。信仰的目的是讓我們超越凡塵，進入神聖的境界，在這個層次中，我們更容易展現內在的神性光輝。

大部分虔誠的信仰者都能達到第二階段靈魂意識層，但即使是沒有宗教信仰的人，在某些特殊的契機和因緣下，也能短暫體現這種神聖的覺醒境界。關於這一點，稍後將有詳細的解說。

帕帕吉（H.W.L.Poonja）[9]曾說：「虔敬，不是個體對某個東西的『虔敬』，而是靜默本身向它的源頭臣服。」一位虔誠的神職人員，不僅傳講教義、宣揚信仰，

9 H.W.L. 彭嘉（H.W.L.Poonja，1910-1997），被尊稱為「帕帕吉」，意為「敬愛的父親」。他八歲時體驗到真我且當時開悟，終其一生教導人們回歸真我。他沒有出家，卻帶有黑天虔愛者的熱切與奮勇。關於他的故事，參見《躍入永恆：帕帕吉訪談錄》，紅桌文化出版，二〇二一年。

更以慈悲之心扶助眾生、撫慰困苦，引導人們面對人生挑戰。但更深層的要求是，他必須對神聖、宇宙和宗教懷抱極度的虔愛之心。虔愛是將淨化的靈魂全然奉獻給神聖信仰的至高境界，它不僅讓我們脫離凡塵，更使我們的靈魂與神性融合為一。在這個階段，行為已經完全超越了物質層面。因此，「奉獻」不再僅涉及牲品、禮品、金錢或花朵。它是一種內在的奉獻，獻上的是神性。當我們全然臣服於神時，內心的恐懼、焦慮也將徹底消融。臣服於生命，不是服輸，而是一種智慧的境界。

當我們學會臣服於生命的更高層次，我們不再被這些困境所束縛，反而開啟了更深遠的意識之門。臣服並非消極順從，而是超越當下認知限制的智慧之選。我們放下執著，接納過去行為的結果，不再被痛苦所纏繞，而是以更宏觀的視野看待生命的多樣可能性。

清明的心使我們看清一切，與生命合而為一。這種合一有助於我們跨越障礙，改變生命的可能性。當我們放開束縛的那一刻，便與內在神性連結，真正實現了自我的蛻變。那一刻，你已與內在神性合而為一，它將幫助你克服前世業力和障礙，跨越生命的黑暗鴻溝。

將一切交託於至高無上的存有，相信它有能力引領心靈超越人生困境。唯有如此，你的靈魂才能抵達更高的境界。並非每個人都能成為神聖的神職，但若要喚醒內在神性，進入天命軌道，改變未來命運，就需要將靈魂提升至這個意識層次。

我想再次分享《請問財富》中曾提及靈界導師告訴我的箴言：

你要知道一件事，接觸靈修會經歷一段心與業力的拉扯期，我稱之為「靈性陣痛期」，這個陣痛期的時間長短端視之前所提到的魔性。魔性會在你開始接觸靈修時出現。越深入靈修，身心靈三者會逐漸從分裂的意識走入合一，當你越向內在、挖掘越深時，躲藏在心裡深處的千萬魔軍會被喚醒並伺機而動，待心禁不起世間的考驗時，魔軍會傾巢而出，壓倒你對生命的信念、宗教信仰力與虔誠心。

如果你走在靈修路上，當你的心尚未修練到有足夠的力量向內觀照時，魔性會在你走靈修之際來干擾你。魔性現前時，宛如千百斤重的鎖鏈鐐銬，將你的身體從頭到腳緊緊地綑綁，讓你連呼吸都喘不過來。此時，你的虔誠心與信念在哪裡呢？

我想藉由這一道修行與魔性的問題，向你說明另一個觀念：浴火重生所講的並不是一個人從生命的谷底爬起來，不是！浴火重生真正的定義是，一個人的心有足夠的力量，將璀璨的靈性從幽暗的心裡釋放出來，克服魔性就是浴火重生。

踏上屬靈覺醒之旅

邁入第二階段，也意味著我們向宇宙宣示即將踏上屬靈覺醒之旅。在這個過程中，我們會在生活中遇見一些神性顯現的時刻，讓我們更加覺醒並體認神性的存在。例如：在宗教場合尋求上天的指引、安慰或寬恕時；或是閱讀經文典籍、聆聽靜心音樂時，內在的神性可能會覺醒，引發出離塵世的淚水與哀傷。同樣地，藝術創作者在投入創作時，也常能深刻感受到創造力如江河般洶湧，這種被神聖所觸動的體驗，亦可視為對內在神性的領會。

這並不難理解，因為神性的本源正是由神聖所賜予，其淵源來自於宇宙的奧祕。當意識完全沉浸於神聖之境時，神性的光芒自然得以綻放。有些人在這樣的領域中，意識突然從物質層面昇華到精神層面，放下了世俗的重重束縛，走向全新的生命形態。然而，對於那些能夠感知神性的人而言，這些表現並不讓人覺得離奇，因為他們正被神性引導而行動。

當你與內在神性產生共鳴，並依循內在的感知而活動時，意識將不再被外界的評判所影響。從那一刻起，你的生命將隨著天命的軌跡而運行，因為你的行為不是

烏爾姆大教堂的高聳大廳

源於外在的期望，而是對內在神性真誠的回應。

在東、西方宗教中，存在許多記載關於神性喚醒後，個人生命徹底改變的真實故事。例如：聖方濟各（**St. Francis of Assisi**）這位十三世紀的義大利修道士，放棄了財富和世俗享樂，選擇與窮人同住，將關愛傳遞給所有人，他的一言一行皆體現了神性之光。聖保羅（**St. Paul**）原本是一位迫害基督徒的法利賽人，但在一次神祕體驗後徹底被改變，成為傳播福音的使徒。印度聖者拉瑪那・馬哈希（**Ramana Maharshi**）在十六歲時一場瀕死經驗，使其自我感永久消融，此後長達多年保持緘默沉潛，與人溝通皆於沙地書寫，一生未離開南印度蒂魯瓦納馬萊的聖炬山。

我自己在二〇二三年的歐洲旅行中親眼見證這樣的神奇事跡。這趟旅程的其中一個景點，是距離慕尼黑車程約一小時多的德國小鎮烏爾姆，而該地最著名的景點莫過於內有七百六十八級臺階，高達一百六十一點五三公尺的主塔樓，堪稱全球最高教堂的哥德式教堂——烏爾姆大教堂（Ulmer Münster）。

在踏入那古老教堂的一刻，我被一陣神祕而迷人的旋律所吸引。那聲音似乎來自遠處，卻又無所不在，它的迴響不僅穿透了教堂的每一寸空間，更深深觸動了我的靈魂。我跟隨著旋律穿過長廊，來到一個隱蔽的側廳（side chapel）[10]。一位年輕女士站在聖像前，以特殊的吟唱表達對上帝的熱愛，全然無視旁人的存在。她的臉上映照著神聖的光輝，那不僅是外在的燭火，更是內心對神性的渴望。她的歌聲是從靈魂深處湧出的自然吟唱，純淨而動人，彷彿與這座教堂的每一塊石磚、每一片

10 教堂的側殿或側廊具有多種特定的用途，例如：供奉聖人、展示聖物；或者作為一個安靜、隱密的場所，供信徒進行個人祈禱、沉思或靈修。不同的宗派、教堂或特定的宗教節慶中，用途可能會有所不同，但都是作為教堂信仰和靈性修練重要空間。

彩繪玻璃共鳴。

我被她的歌聲打動，即使我無法理解歌詞的意義，仍沉浸在一種難以言喻超凡空靈的境界。在她的歌聲中，我感受到了一種超越言語的愛，那是來自上帝的愛，也是來自她內在神性的流露。我的心被這份愛所觸動，淚水不自覺地滑落，那一刻，我彷彿與她的靈魂合而為一，感受到了那份對上帝無盡的虔誠和滿溢的愛，這是一種神性合一的體驗。無法形容的寧靜驅使著一切，不需理性判斷，無需他人指導。這是神性的合一，純粹而靈動。

與內在神性合而為一，將帶來內心的平靜與智慧，使人能夠洞悉深層真理並領略靈性的體認。當你與內在神性合而為一時，你的行為就成為對神明的讚揚，你的存在也將成為對神明虔誠信仰的展現。

當你的靈性提升至此層次，生活品質亦隨之提升；靈魂達到高度昇華，宣告你已踏上了天命之路。於是，一切美好會被吸引向你靠攏，正如萬物隨著宇宙的節奏運行，你所需的一切也將自然湧現，如同那位在烏爾姆大教堂，以內在靈性之聲向耶穌表達虔誠的女士。

神性之光的綻放是神賜的恩典，無法單憑欲望而尋求。要在信仰中體驗神性光輝，必須全心投入信仰，對神明展現無比的虔敬，並完全沉浸於神聖的恩寵之中。這不僅是對內在神性的敬畏、對外在信仰的實踐，也是對生命的深刻省思。這三者是靈性成長不可或缺的要素。在生活中持續修練這三大功課，直至靈性臻於成熟之日，你便能在宗教聖地喚醒內在神性，你的靈魂也將隨之轉化至更高的境界。

當然，將靈性提升至神性境界的關鍵，在置身於充滿神聖信仰的空間。一旦踏入這樣的領域，便能與神性緊密相連，與諸神世界感應道交。這種神聖又不可思議的體驗，並不僅限於特定宗教的信徒。

我的靈修經驗告訴我，要讓信仰的力量展現內在神性的光芒，更應在日常生活中尋找那份寧靜幽光，讓被世俗喧囂污染的心靈得以淨化，遠離紛擾。

當煩躁情緒如烏雲般盤旋心頭，我會選擇踏入低調而莊嚴的靈修佛堂，那是我內心深處的靜謐聖所。當我跨過門檻，世俗的喧囂便煙消雲散，取而代之的是蘊含神聖力量的寧靜肅穆。我專屬的簡樸空間中，僅有無極瑤池金母的神像。

佛堂是我與神明一對一交流的聖地。在這個殊勝的空間中感受那份靈性力量，讓它引導我內心的行止，像是靜靜凝視神像以融入另一維度，或靈歌[11]、婆娑靈動[12]、瑜伽，或深深地默視神像，感受其神聖臨在。

克里希那穆提（Jiddu Krishnamurti）在《生命之美》中曾說：「任何刻意為之的冥想都不是真實的；永遠不可能是。刻意冥想絕不是真正的靜定。它必須自然出現；它不接受邀約。冥想不是心智、欲望或追求禪悅的遊戲。任何試圖冥想的行為都是對它的否定。」接著他又說：「你所能做的只是對思想和行為保持覺知，其他的都不重要。觀察、聆聽就是你要做的事，這裡面是沒有獎勵的——技巧就在於觀察和聆聽而已。任何形式化的冥想都不可避免地將導致欺騙與幻覺，因為欲望會蒙蔽人的雙眼。」

唯有我們學會在神聖空間中傾聽內心的聲音，尊重自己的感受，我們才能真正與內在神性相通，並讓信仰之光照亮心靈的方向。

11 當我進入元神狀態時，會自然地發出一些非後天所能控制的音頻，我將這種狀態稱為「靈歌」。吟唱的內容無法透過學習獲得，而在吟唱靈歌時，我能感受到與天地之間的融合。

12 靈動和靈歌都是進入元神狀態後，非後天所能控制的行為。靈動有時類似於舞蹈、打拳、瑜伽等非自然、非後天可控制的狀態。

第三個階段：密修隱士

在完成前兩階段的預備功課後，我們的靈魂意識將正式邁入第三階段的境界。這是一個超越世俗、回歸自我、與神性合一的層次。當你能完全掌握前兩部分的修行，生活所需將自然滿足，不再有任何消耗靈能量的人事物存在，然而這僅是世俗層面的富足，仍未真正掌控命運的本源。因此，我們必須進入第三階段——成為密修隱士。

在這個境界中，物質、金錢、名利等世俗的束縛將不再左右你的生活。你會勇於剔除那些消耗靈能量的人和事，與人交談的欲望逐漸降低，交友圈也將日漸縮小，僅保留最基本的生活溝通範圍。在密修隱士的層次，你將體驗生命的真諦，感受靈魂的富足，找到屬於自己的人生道路。這就是與神性合一的第三層境界，一種超越世俗、回歸自我的狀態。正如梭羅在《湖濱散記》中所說：「一個人越是有許多能夠放得下的事情，他就越富有。」

隱士修行是一種達到內在寧靜和精神提升的生活方式。這種方式在許多宗教中都有出現，修行方式雖各不相同，但他們通常選擇隱居於山林、荒野、沙漠或人煙罕至的僻靜之地，遠離世俗的紛擾與誘惑，專注於內在心靈的深層探索與私人的密契修練，例如：冥想、持咒禱告、靈性修練、苦行。隱士修行的目的是探索更高層次的真理和存在，他們的生命體現了超凡入聖的精神，將物欲與情慾降至最低，以積累內在的富足意識。

對於一般人而言，隱士追求靈性昇華、選擇孤獨生活而捨棄家人朋友，似乎與主流價值背道而馳。然而從修行者的角度來看，孤獨並非被世間遺棄，上天也從未拋棄那些虔誠追隨的人。當一個人深入探索內在神性，他的內在精神世界將凌駕於外在物質世界，保持內心的靜謐將成為他的主要表達方式。事實上，唯有當我們的內心寂靜無為，才能更清晰地看見神性光芒。孤獨是生命最高層次的體現，每個人的心靈都需要擺脫喧囂的束縛，才能淬鍊出最純粹的精髓，這正是靈性昇華的關鍵所在。

對於渴望探索內在神性的人來說，隱逸生活是一種必要的修行之道。在這個過程中，雖然外人認為他們過著清貧的生活，但他們的內心卻滿溢靈性的富足與圓融。隱逸者的密修揭示了一個宇宙真理——內心的富足，勝於外在的繁華。這是宇宙隱藏的運作，一條接應天命軌道的法則。實際上，每個人都有能力在喧鬧塵囂中保持內心的寂靜，超越物質境界，豐盈心靈。

我要再次引述《請問財富》中靈界導師對我的教導：

已經修練到極簡或富足的靈魂意識，此生要去處理的問題不會一直停留在金錢與物質的層次，會進階到去處理沒有辦法被滿足的感覺，包含情感、人際關係、情緒的問題，還有許多積累在他身上需要一一處理與化解的習氣問題。這一個層級的靈魂意識已經站在富足跟極簡意識中，才有辦法靜下來真正去處理與面對這些問題。也就是說這樣的人，才能將心力從外在轉向內在，然後把心靜下來，去面對生命更深層的課題。

隱士修行並非要你拋下世俗的一切，遁入深山不與人接觸，這在現代生活中很難實現。一位朋友告訴我，他可以好幾個月不與人接觸，不主動與他人談論非生活所需要的事情。當然，他也會與家人有所交流，但絕大部分時間都保持緘默。他告訴我，多數時間都是用來處理自己內在的情緒和聆聽內在的聲音，他的做法與我自己長時間保持內在靜默的習慣一致。除了必要的生活和工作外，我大部分的時間都與靈性共處，感受著生命與情緒的流動能量。這種型態或許可稱之為現代都市的隱士修行者。

然而，你可以成為一個心靈的影響者。當你與神性合而為一，你便成為內在神性的活現，乃至神恩的化身。你的言行充滿著神聖的愛，具有觸動人心、喚醒沉睡靈魂的力量。你的存在能夠深刻影響他人，引領他們經歷心靈的覺醒之旅。

讓好運自動靠攏的修練法則

我們在這一章中探討了三種身分，它們不僅代表通往內在神性的階段，也是改變命運的關鍵。首先，藝術家透過創造力與想像力揭示內在世界，想要走得更遠，他們需要更多的信心與信仰。虔敬的神職人員扮演了引導藝術家與內在的神性建立深刻聯繫的重要角色，實現從感知到親近的轉變，然而神職人員也會被自我和世俗所限制。這時，密修的隱士便成為啟迪之源，幫助他們實現與內在神性的完全合一，從而完成從親近到同化的轉變。首先學會感知內在神性（藝術家），接著學會臣服與親近它（虔敬的神職人員），最終學會與它合一（密修的隱士），這就是超越限制、進入新境界，徹底改寫未來命運藍圖的途徑。

如果你想從第一個階段的藝術家進階到第三個階段的密修隱士，祕訣就是靜心。

千萬不要誤以為靜心就是無所作為，相反，它能讓你的靈魂意識完全洗去負面情緒，使你能超越生命的侷限，讓內在的能量自然而然地爆發出來。我們總會被習氣牽引，做一些不該做的事，維持靜心的習慣能讓我們輕鬆感知內在流動，避免做出僭越生命軌道的事。

我們的內在和外在總是被各種事情佔據，大腦也習慣性會找些事情讓自己保持忙碌。有些人心中充斥著金錢、股票，或者將重心放在家人和朋友身上；有些人沉迷於宗教冥想，熱衷於某一種宗教形式的生活。為什麼我們無法靜下心來，不帶著批判地觀察自己的內心？為什麼我們總是無法專注地留意自己內心與靈魂中所積累的經驗呢？不論是什麼生活方式，一顆無法專注與寧靜的心，將無法帶來富足與吸引好事到來。

每天選擇一個時段練習靜心，短則五分鐘，長則半小時，試著在這段時間內觀察每一個念頭，並在執行每項活動時放慢節奏，便能更自然地判斷這麼做是否符合神明的喜好。

要與神性合一，讓靈魂成為吸引幸運好事的磁石，就必須放下外在的需求和欲望，回歸內在最簡單的生活方式。當你聆聽內心的召喚，每個行為都會由神性主導，而非受外在的期許或壓力所驅使。你會發現許多事物其實並非必需，生活可以更簡單自在。

透過藝術家、神職人員到隱士三個靈性轉化階段的不斷昇華，我們才能真正觸及內在神性的奧祕，擺脫外在枷鎖的羈絆，最終改變和提升人生的命運軌跡。這個過程需要耐心和決心，但卻是通向自我實現及與宇宙合一的不二法門。

強效心靈語句 讓好事自動歸位，輕鬆改寫未來命運

◆ 若希望獲得神明眷顧，則需避免讓神明不悅的行為，並積極做神明喜愛的事。如此一來，我們便能得到神聖寧靜、神明福佑以及宇宙靈感，趨吉避凶、克服生活困難與挑戰。

◆ 每個人的天命都各有不同，因此，喚醒靈魂意識並遵循天命，就是神明所喜愛並期待我們做的事。

◆ 將自己的神性奉獻給神明，並努力淨化靈性，喚醒靈魂的意識，服務於內在神性，這是對神明最崇高的敬意。

◆當你順應宇宙法則，生命的無限可能性隨即啟動，通往更高層次存在的道路也將自然開啟，為你的命運帶來更豐富的意義。

◆雖然每個人的身體、思想和生命體驗各有差異，但我們都是宇宙的一部分，我們的存在即融合了光、宇宙和神聖。

◆我們應該更關注業力對未來的影響，而不是一直沉迷於業力與過去的關聯。

◆人須像水般靈動輕盈，帶赤子之心，方能感神性之力。

◆當你深刻感受到內在神性的召喚並積極回應，外界的喧囂將不再干擾你的內心，內的你的神性將綻放光芒，你的言行舉止和內在思緒也會與神明的期許相契合。

◆臣服並非消極順從，而是超越當下認知限制的智慧之選。

◆要在信仰中體驗神性光輝，必須全心投入信仰，對神明展現無比的虔敬，並完全沉浸於神聖的恩寵之中。

◆任何刻意為之的冥想都不是真實的；永遠不可能是。刻意冥想絕不是真正的靜定。

◆當你與神性合而為一，你便成為內在神性的活現，乃至神恩的化身。你的言行充滿著神聖的愛，具有觸動人心、喚醒沉睡靈魂的力量。

喚醒靈魂原力密咒

願我安住，緘默之力必然吸引一切所需，自動排序到生命中。

第7課

跨越自我意識限制

「命中注定的，必然會發生；命中無緣的，再怎麼強求也不會發生。」這是印度聖哲拉瑪那．馬哈希（Ramana Maharshi）教導世人的真理，他在十六歲就開悟，並終生奉行這樣的理念。他鼓勵人們回歸真我，當我們達到這種意識層次，將能洞察自己此生的命運軌跡，並明白有些事情是無法強求的。同時，你將更趨近屬於你的命運之路，許多美好事物也會自然發生。這難道不是人生最大的幸運嗎？

每個人的命運軌跡不盡相同，無論是婚姻、事業、財富或子嗣等，有些事情注定會發生在你身上，有些事情也永遠與你毫不相關。想要辨別哪些是屬於你命定的一部分，唯有你全心全意付出努力，才能真正看清自己所追求的事物，是否真的屬於你。

看見自我意識的限制

拉瑪那尊者的這席話，乍聽之下似乎充滿了消極和宿命論的色彩，仔細揣摩會發現其背後蘊含的真意並非要我們放棄夢想，反而鼓勵我們勇敢地追尋夢想，但是不妄求、不過分執著於結果，以更開闊的心態接受命運的安排。在這句話之後，拉瑪那尊者接著說：「凡事注定，但人始終有其自由，可以選擇不認同自己的身體，並且不受到身體行為的苦樂結果所影響。」

命運看似有一個無法突破的框架，但在此框架中，每個人的意志仍然是自由的。我們可以選擇如何面對命運的安排，並決定是否讓命運影響我們的身心。當我們能夠超越命運和生活對身心的影響時，我們便是自由的存在。當我們的靈魂已達到超脫生命苦樂的境界時，我們便不再被命運所左右，而是以一種超越凡俗的優雅姿態面對生命的起伏。這是一種心靈的解脫，一種超越凡俗的境界。

關於命運，我的靈界導師在《請問財富》中如此說道：「靈魂的本質是什麼？是思維。每個人在靈魂轉世時，都會不斷地重整這輩子所遇到的所有問題。」換句話說，命運與此生的關係，不在於它是否是一種牢不可破的宿命論或因果論，而在於我們能否在命運的框架內突破自己的思維。靈界導師進一步教導：「如果一個人的意念不改變，靈魂本質不改變，那麼他就會困在自己原本的小世界中，哪裡也去不了。你覺得他的世界會被改變嗎？不會。這就是為什麼有人一生都困在自己的世界裡，因為他無法走出自己的觀念，跳不出綁住他的意識層。」

在這裡，我們可以看到，突破思維的枷鎖，放下對結果的執著，以自由的心態面對命運，才是獲得真正解脫的關鍵。命運的邊界和格局，遠超人類的想像。唯有親身經歷努力的滋味，才能真正理解生命的意義。因此，請放棄命運是否牢不可破的疑問，遇到挑戰時，試著發現自己思維的限制，並努力調整及突破它，這樣才能超越生命的束縛，走向真正的靈魂自由。這就是轉化新的靈魂意識，跳脫命運框架的祕密所在。

新的靈魂意識會賦予我們全新的生命啟示，這過程如同攀爬登山步道，每登上一階，都會讓你更靠近山頂目標，也為你的下一個目標帶來新的靈感與信心。例如：賺到人生第一桶金，是許多社會新鮮人不斷努力想達到財富自由的目標，但當你持續累積財富到一個程度後，第五桶金、第十桶金也就不那麼難以達到。對中小企業的新創者來說，公司業績成長到一百萬可能是一個里程碑；然而對於已擁有百億身家的CEO來說，千億只是下一個自然而然的目標。夢想的實現不是一蹴可幾，而是需要逐步向上攀登。當你與夢想同步，每一步的努力都會讓下一個目標變得更加容易達成，每一個新的願景都不再是障礙，而是下一個成功的起點。

我的靈界導師曾向我說明宿命論與自由意志之間的關係與平衡：

如果你站在一塊土地的正中央，你該如何知道這塊土地的面積有多大呢？你是否應該盡你所能，去走到這塊土地的邊界，用你的步伐測量出每段距離，那麼你就知道這塊土地有多大了。我舉這個例子是要告訴你，土地就是你的命格。如果你想真正了解自己的命格有多大、多廣，別依賴任何命理師或算命師，他們給出的答案也只是一個概括，而非命格的全貌。真正能夠徹底認識自己命格的方式，唯有靠你自己親身去探索和領悟。

但是，你是否也曾思考過這樣一個問題：這個命運的範圍，這塊土地之外的世界，究竟是何模樣？你是否了解？你無從得知。誰也無法斷定你的界限是否僅止於此地。或許在你眼前所見之外，還存在著一片廣袤無垠的領域。人生的格局，無人能代你描繪。只有親自探索，方能窺見命運的廣闊與終點所在。因此，自身的潛力與命運不應受限於他人的視野之中。當你突破內心的框架與外界的期待，將會發現，生命的寬廣遠超過你的想像。

剛好我有一個真實的個人故事，可以用來具體說明靈界導師所傳達的教導。在我二十六歲前從未有過出國機會，對我來說，出國是遙不可及的夢想。求學期間，偶然在一位朋友的建議下去找一位具有密宗背景的算命師算命，他運用的是古老的米卦占卜術。讓我印象深刻的是，當我詢問算命師此生是否有機會出國，他微笑以對：「出國有什麼難的？」他直直盯著我的背後，似乎看到一幕幕未來的影像，並做出了一番預言：他看到我未來的人生中會不斷地出國，手提公事包、穿著打扮似商務人士。當時我只是對他的話笑了笑，因為這樣的情景對我來說實在是太遙遠了。

多年後的今天，回首來時路，命理師的預言似乎成真一半。在過去的幾年間，我踏足了三十多個國家，每年至少搭乘三至四次國際航班，累計出國次數已超過六十次。只是，這些旅程並非出於商務或事業的拓展，而是天命的召喚及對於未知世界探索的渴望。我遊歷各地，不僅是為了履行命中注定的軌跡，更是為了深入了解當地的宗教文化，尋找靈性的啟迪，這一切豐富了我的靈修，並帶來創作的靈感。

凡事皆有注定，命運亦如是。然而，人始終可以自由選擇不受命運約束，唯有如此，才能進一步拓展自己的命運邊際。以下是靈界導師對於我未來預言的例子，或許能讓你更好地理解如何面對命運，我們始終擁有自由選擇的權利。

多年前，當我向靈界導師請示關於自己修行之路的疑問時，祂預言了我未來的三個重要里程碑：有一天，我的作品將在書市的靈修類別中留下自己的名字；有一天，我的名字將在靈修界廣為人知；當我離開人世間，我的名字將在靈界留下印記。

當時的我連第一本書都還未出版，如今回顧過去十多年，我的著作和名字的確已與靈修緊密相連，成為不可分割的一部分，這個預言似乎已應驗。然而，多數人只會關注預言本身是否實現，而忽略了一個真正應該深思的重要問題：我的靈界導師從未具體透露過我在修行這條路上將會遇到哪些挫折和挑戰，也從未告知我該如何去克服這些難題。祂只是輕描淡寫地預示了我的未來，但要真正實現這一條命定之路，仍需要自己不懈的努力和堅持。

命運是一段不斷變化的路程，需要透過自己的努力去探索它，而不是盲目追求那些並非真正屬於你的事物。如果你對自己的生活漠不關心，便無法感知到哪些努力是真正屬於你生命的一部分，這種對生命的無感，會讓你錯過屬於你的天命。命運不是一個固定的目標，而是由你的選擇和行動塑造的旅程。只有透過嘗試和努力，你才能發現你的命運；只有透過感知和體悟，你才能理解你的命運。

以上兩則真實的故事所帶來的啟示是：命運或許能被別人所預言，但仍有許多轉折和契機，最終的結果，還是取決於自己的努力和選擇。我們處在一個快速轉動的全新意識世代，命運再也不是百分百的注定論，正如我的靈界導師在《請問覺醒》一書中曾經說到：「網路大大地改變了每一個人的意識世界……在網路的影響之下，人類的集體意識產生了巨大變化，集體意識從原本的沉靜轉變成快速轉動，這是如此驚人的改變，它不僅快速地改變人類生活，也改變了人類的未來。宇色！你要知道，當人類集體意識大幅度改變的同時，也間接地改變了靈界樣貌……當你了解這一層關係，你就會知道，人類的行為越來越難預測，因為人類的意識不斷地變化不斷地轉動，又有誰能說準明日的你會有何種想法呢？連我們（神靈）也只能就人類當下與一個人先天命格去預測未來發生的可能性……但它仍然有可能在意識被改變之下對未來有了不一樣的結果，這也就是為什麼未來越來越難被預測準確的原因所在。」

我是一位研究神祕學塔羅牌的靈修者，許多人會向我詢問關於他們生活和未來發展的問題。我也常被問到，塔羅牌的未來預測和通靈問事中神明的預言有何不同？哪一個更為準確？我對這兩者之間的命運觀有何看法？我又如何在這兩者之間取得平衡呢？根據我多年來的經驗，以及向靈界導師詢問的結果，匯集了一些關於命運的想法。

在通靈問事的情況下，神明對一個人未來的預示只能提供一個宏觀的藍圖，並非絕對必然的。也就是說，祂會告訴我一個可能發生的大概情況。聽到這些訊息的人通常會有兩種反應，有些人會默默地按照這個路徑去行動，有些人可能會在聽完後想要改變它。無論你是哪一種人，大部分的時候，命運還是會回到神明所預測的這條路徑上。當你對神明所說的內容有疑慮，並進一步詢問更多細節時，預測的準確性可能就會降低。這並不表示神明對未來的預測不準確，而是人類的自我意識和行動可能會改變一件事情的細節。

舉例來說，假設你正在開車前往未知的目的地，神明可能會給你一張地圖，指出最直接且通常最快的路線。然而，在旅程中，你可能會遇到意想不到的塞車，或者被路邊的風景所吸引，選擇在某個服務區停下來休息；或者選擇專心駕駛，不讓任何事物分散你的注意力；你可能會遇到友善或粗魯的司機，他們的行為可能會影響你的心情，甚至改變你的行駛路線。這些旅程中可能會發生的事情取決於你自己的選擇和行為，神明的預示只是一個大致的方向，但具體的旅程和體驗，仍由你的意志所創造，這正是命運的奧祕所在。在這個過程中，透過改變自己的心態和行為影響命運的走向，我們可以使自己在面對難題時能夠更加堅強和從容。

回到拉瑪那尊者的話：「命中注定的，必然會發生；命中無緣的，再怎麼強求也不會發生。」他所說的是命運的大方向，而非必然，這句話可能會引起三種不同的反應：

- **充滿智慧的人不會去細問命運，以開放心態接受生活所有變化**。他們明白，生活中的許多事情無法預測，因此他們選擇專注於可以控制的事情，如行為和態度。他們不會被生活中的細節所困擾，而是以開放的心態去接受生活中的變化。
- **中等的人會對命運的大方向感興趣，但並不會深入追求細節**。他們可能會尋求占星或占卜的指引，以了解自己的生活可能會走向哪個方向。然而他們也清楚，生活中的許多細節無法預測，因此他們不會過分追求這些細節。他們以實際態度面對生活，占星或占卜只是一種參考而非依賴。

- **最後一種是對生命感到茫然的人，他們會透過占星、占卜等命理方式，試圖了解生命中每一時刻、每一階段可能會發生的事情。**他們過於盲目且依賴這些工具，導致喪失了自己的直覺力和判斷力，或者為確保萬無一失，而過於追求生活的細節，忽視了生活的大方向。

未來與個人的心態及生活態度密不可分。命運本身有某種有限性，你無法實現所有的夢想；生命則隱含著無窮探索的契機，容許你在有限範疇內，去開拓和發現內在的美好。因此，在命運有限的框架中，蘊藏著生命無窮的可能性。就像是身處在如同迷宮的地下軍事坑道裡，儘管空間有限、通道窄小，但每條通道都通往不同的出口及空間，每個角落、轉彎處都隱藏著驚喜與挑戰。神明能夠預言你是否能夠走出迷宮，卻無法斷言在過程中你會選擇哪一個出口，而事件是否發生、發生的程度和可能性、乃至於其影響，都深受個人靈魂意識的覺醒度所左右。

智慧是在有限的生命和無限的可能性之間淬鍊而出。當你全心全意地追求夢想時，自然會感受到命運的邊界和極限所在。當你抵達那個境界，就能洞見夢想之事是否屬於命定的一部分，即使不是，你也能因為曾經全力以赴而坦然放下執念，這才是關鍵所在。因此，如果你真心想完成一件事，就要百分之百投入地去實現它，但不要對結果抱有任何期待。唯有這樣，你才會真正認清那件事是否屬於你的命運。

意識轉化

每個人都在無垠的生命中尋找自身的位置與意義。有些人只關注物質滿足，在世俗方面追求成功與財富，他們的意識層充滿了對物質的渴望與追求。另一些人，則選擇追求靈魂意識的昇華，他們不僅僅讓生活富足，更在意智慧與靈性的增長，渴望與宇宙的能量相連結。

因此，生活在不同意識層的人，對於拉瑪那尊者的教導便有不同的解讀。活在意識層次較低的人，雖有許多夢想，卻往往止步於空想和抱怨，不相信自己有能力改變命運。對他們而言，「命中注定自然會發生」這句話，很容易被視為放棄努力的藉口。然而，這句話真正的寓意，是鼓勵我們積極追求心之所嚮，同時學會對於無法控制的部分釋懷。另一種較高意識層次的人，不僅關注眼前的成就，更重視內心的豐盛與寬廣。對他們而言，重要的是在追求的過程中領悟生命的意義，並從中成長與收穫。

你應提升自身意識層次，不要只著眼於物質層面。物質意識層次較低，只能看到表面現象而非本質。相反地，創造層和精神層的意識較高，能發揮想像力和創造力，創造出理想的生活，甚至能與靈魂和宇宙的力量相連，使生命展現無限可能與意義，使命運擁有無數自由選擇，使夢想獲得實現的動力。

因此，拉瑪那尊者的這句話，不是為那些每日空想之人所講，而是為那些真心渴望推動自己人生前進的人所開示。如果你勇於將心中所想付諸行動，努力地讓自己與內心所嚮往的事物合而為一，你的命運定將由低谷攀升至高峰。反之，若你只沉浸在幻想裡整日無盡的抱怨與批評，缺乏實現理想的勇氣和動力，將使意識與行為無法合一，你的命運終將難有改變。如柴契爾夫人所說：「如果你只是想被人喜愛，那麼你將隨時準備妥協任何事情，卻一事無成。」

即便只是完成生活中的微小瑣事，也能逐步提升你的意識層次。更重要的是，這句話提醒我們自問：是否深刻感知到生命注定必須完成的事情？若你從未有過此種感知，代表你對自己的內在靈性不關心，每天只是盲目上班打卡，回家後無所事事。每一句至理名言，都是用在對的人和事情上面。若你希望運用這句話改變人生，就要將自己的意識從物質層提升到更高的創造或精神層面。

超物質意識

「命中注定的，必然會發生；命中無緣的，再怎麼強求也不會發生。」這句話主要指的是物質世界的事物，如財運、命運、事業等等。在大多數情況下，這句話都適用於物質世界中發生的事情。然而，當我們談論超越物質世界的事物時，這句話的適用性就變得有限。在超越物質的心靈層次，真理、智慧與靈性等，均不受到命運的支配，體證它們取決於我們靈魂的意識與靈性修為。

當一個人提升靈魂意識後，他所創造的精神世界是不受命運所限的。舉例來說，我們可以透過算命預測未來，但這些預測是基於命盤中的星宿，屬於物質世界的範疇。對於靈性覺醒的人來說，他們的意識和意志已超越了命盤的限制，即使眾多星宿分別預示了命運的未來跡象，仍無法準確預測他們的思維與意識層。因此，一名在生活中逐漸覺醒靈性的人，他們的生命無法用拉瑪那尊者的名言來概括。許多靈性覺醒者、修行者、智者的故事顯示，沒有人能夠準確預言他們的未來，每個人的意志力都能透過後天的努力來超越宿命框架，從而突破命運的枷鎖。

因此，拉瑪那尊者是在提醒我們：命運始終存在，它只是我們宿世所做行為的結果。既然如此，為什麼我們要過度操心和關注呢？你可以選擇不受這句話影響，甚至將其拋諸腦後。有些人可能會覺得自己的一生被命運所控制，但每個人始終擁有意識上的自由，當你選擇不認同眼前的一切並努力提升靈魂意識，就能超越這些限制，不受苦樂結果的影響。

對於那些靈魂意識已從物質層轉化至精神層的人來說，他們以超越世俗的堅韌心來面對生命，他們的生活遵循天命規律，每日都在這規律之中行走，絕不出軌。這樣的人清楚地知道生命所需，並朝著目標奮力前進，他們不將命運好壞掛在嘴邊，更不會隨意替自己貼上宿命論[13]、決定論[14]或自由意志論[15]的標籤。你的每一個決定，

---

13 宿命論（Fatalism）就是相信世界上的一切事情都被提前預定好了，可能是由某種高於人的力量（比如神）所決定的。它認為人們的命運和巧合是不可避免的，無論人怎麼努力，都無法改變這些早就定下來的事情。就像是一本已經寫好了的故事，人無法改變裡面的情節和結局。

14 決定論（Determinism）認為所有事情都有固定的因果關係，就像一連串的鏈條，每一個事件都是前一個事件的結果。簡單來說，生命中所有的一切都是由你先前決定所架構而成。

15 自由意志論認為人擁有超越外在限制的自由，反對行為受命運或外在因素必然影響。它認為人的行動源自內在意志，每個人都能主導自己的生活，塑造個人命運，強調個體意識和意志影響生命中的一切。

都應該全力以赴去實現。如果你拒絕任何拖延的藉口和理由，你將會在生命中經歷到不可思議的體驗，這個體驗將會如期而至，你只需要去爭取它。

在我全身心投入這篇文章的寫作過程中，我的靈界導師突然傳來了一段訊息。這段訊息將無限的智慧傳達給每一位翻開這本書的讀者。透過祂的啟示，我們能夠更深入地探索命運的奧義之處，以及它與我們生命的神祕連結。

在靈魂的轉世旅程中，有些人天生就具有超凡的覺醒能力。他們從小就能洞察生命的深層含義，預見未來，對宇宙、靈魂等形而上的議題有著超越常人的思考力，能夠跳脫世俗的生死觀念。這些現象都是靈魂覺醒的表現，是內在轉變的靈魂力量的體現。歷史上的許多傑出人物，特別是宗教領袖，從年幼時就展現出他們與眾不同的氣質，彷彿他們的人生軌跡早已被設定在一條非凡的道路上。即使在他們的童年，儘管命運似乎已被預言，但他們的未來最終遠超這些表面的預測。

他們認為，生命的意義不在於追逐命定的命運，而在於如何面對並接納生命中的起伏跌宕。就如同魚兒在水中自在遊曳，無需詢問水最終將流向何方，牠們與水的存在已合而為一；無論水將牠們引向何處，皆是無法控制的自然，如此便已足夠。

對這些人而言，生命的順逆遭遇、命運的順意違背都只是轉世旅程中的一部分。若想深入體會生命的真諦，進入一種超越命運羈絆的覺醒意識，就需培養一種淡然處之的心態，接納人生的起伏，並放下對勝利的執著。學會欣賞並珍視生命中的每個當下，無論吉凶禍福，因為每一刻都是生命的組成部分，都值得人們去體驗和珍惜。若對一切事物都和人斤斤計較，只求勝利而不願面對失敗，並且總是依賴世俗觀點來評判自我與他人的生命價值，那麼必將錯失對生命真諦的理解，被命運所羈絆，將自己囚禁在狹隘的心理牢籠中。

一個擁有高尚靈性的人，如同許多修行者所強調的，為何會謙遜順服於生活的安排？那是因為當你不與生命對抗時，就如同魚兒在水中，無論處境順逆，對你而言都只是暫時的過程，應以平常心去體會經歷。若你總是追求勝利，不願接受失敗，那麼你就會限制了自己的視野。命運有一個特性，就是當你渴求某物時，它便成為你自己鑄造的鐵鏈，最終將你束縛。一旦與命運對抗，你的情緒便會受到影響，在逆境中感到沮喪，順境時又會感到不安，害怕失去好運。所以，對命運的執著只會加深你的羈絆。

因此，當你問我命運是否已注定時，你實際上應該審視自己想成為怎樣的人。

的確有一些人不受命運框架的限制，因為他們注定將超越框架。但另一些人則恐懼與眾不同，喜歡與人競爭，這些人自然會被命運所羈絆。所以，無論我描述哪一種例子，無論命運是否注定，都不是重點。重點在於你想成為怎樣的人？大多數人或許難以達到第一種境界，但你完全可以擺脫第二種思維模式，不受生命的框架所限，對生命抱持開放包容的態度。

你所追求的財富、事業成功、婚姻狀態、感情生活、職業發展、金錢收入、人際關係和家族的繁榮，如果你對這些事物過於固執且不願放下，那麼你就等於在為自己的心靈牢籠添磚加瓦。這個牢籠是由你對命運的框架所建立的，而你自己既是牢籠的囚犯也是建構它的人。你必須問自己，最終被困在這個由命運框架所築起的囚牢中的，將會是誰呢？

在這段教導中，靈界導師闡述了靈性覺醒與命運之間的關係。祂跳脫了命運的觀點，引導我們去思考「誰才是命運的真正塑造者？」這才是我們真正需要去思考的問題。如果每個人都只想知道未來是否已經注定，或者透過占星、命理學預測未來，卻忽略了真正塑造未來的是我們自己，我們反而會作繭自縛。

讓好運自動靠攏的修練法則

如何才能體驗到靈界導師和拉瑪那尊者所描述的境界呢？首先，我們需要經歷一個從內在轉變到靈性提升的過程。在這個過程中，必須培養一種超越世俗的思維方式，我們的視野需要從表面的物質世界轉向內在的世界。

在這個步驟時，我們需要在現實生活裡避免並消除一些過度強調物欲、奢侈、不切實際的元素，例如：在社交媒體上炫富，或者強調物質價值及一些過分強調個人財富的文章等等。這些行為背後的靈魂意識仍處於較低的層次，無論他們公開發表文章背後的真正動機如何，它們都無法為我們的內心和生活帶來寧靜與富足。因此，我們需要學會避開這些干擾，才能順利邁向第二步。

第二步是珍惜當下的一切，無論我們的生活現狀是好還是壞，都只是一個過程。我們要問的是，是誰創造了我們現在的生活？就如我的靈界導師所說，命運的框架是我們自己建立的，好與壞也都是我們自己造成的。如果我們去掉「好」和「壞」這兩個詞，那麼問題就變成，我們該如何行動才能達到我們想要的生活？我們的生活應該符合我們自己的期望，而不是符合他人的價值觀。

最後一步是在靈性層面。我們需要學會謙卑地接受生活的安排，與命運共舞，而不是與之對抗。當我們對某事物感到不滿並採取反抗行動時，我們可能會不自覺地吸引更多類似的情況進入我們的生活，這種現象稱為「反向引力」或「反向吸引」。因此，放下對抗的心態，轉而專注於積極的思維和行為，反而會帶來意想不到的結果。

追求成功並不一定意味著對物質的執著，而是一種實現生命目標和夢想的努力，然而我們也應該意識到，過度追求物質成功會限制我們的視野，並帶來更多的困境。因此，我們需要學會放下對命運的執著，並以平靜的心態面對生命中的起伏。只有當我們真正與命運和諧共處，才能抵達命運框架並超越它。跳脫對命運的迷思，能夠更好地理解和接受生活的起伏，並學會如何善用你個人的宇宙意識網。

強效心靈語句　讓好事自動歸位，輕鬆改寫未來命運

◆ 雖然命運看似有一個無法突破的框架，但在此框架中，每個人的意志仍然是自由的。

- 命運的邊界和格局，遠超人類的想像。唯有親身經歷努力的滋味，才能真正理解生命的意義。
- 人生的格局，無人能代你描繪。只有親自探索，方能窺見命運的廣闊與終點所在。
- 你必須努力地讓自己與內心所嚮往的事物合而為一，如果你能勇於將心中所想付諸行動，不論大小事，你的命運定將由低谷攀升至高峰。
- 神明的預示是一個大致的方向，但具體的旅程和體驗，仍由你的意志所創造，這正是命運的奧祕所在。
- 智慧是在有限的生命和無限的可能性之間淬鍊而出。當你全心全意地追求夢想時，自然會感受到命運的邊界和極限所在。
- 如果你真心想完成一件事，就要百分之百投入地去實現它，但不要對結果抱有任何期待。唯有這樣，你才會真正認清那件事是否屬於你的命運。
- 在超越物質的心靈層次，真理、智慧與靈性等，均不受到命運的支配，體證它們取決於我們靈魂的意識與靈性修為。
- 對於靈性覺醒的人來說，他們的意識和意志已超越了命盤的限制。即使眾多星宿分別預示了他們此生的種種未來跡象，仍無法準確預測他們的思維與意識層。

◆命運始終存在，它只是我們宿世所做行為的結果。既然如此，為什麼我們要過度操心和關注呢？

◆每個人始終擁有意識上的自由。當你選擇不認同眼前的一切時，你就不會受到苦樂結果的影響。

◆生命的順逆遭遇、命運的順意違背都只是轉世旅程中的一部分。

◆若想深入體會生命的真諦，進入一種超越命運羈絆的覺醒意識，就需培養一種淡然處之的心態，接納人生的起伏，並放下對勝利的執著

喚醒靈魂原力密咒

命中注定的，必然會發生；命中無緣的，再怎麼強求也不會發生。

第8課

破解自我慣性操控

每個人都有改變命運的契機，而這種改變的核心便是靈魂意識的昇華與轉化。這意味著我們需要從內心深處改變起。

我們的思維方式、信念、情緒和行為，共同構成了影響未來與命運的關鍵要素。生命就好比一場回力球賽，我們的思維與行為便如同回力球一般，在人世間這座球場上滾動與彈跳。當我們面對困境時，挫折與失落就如同回力球的撞擊與反彈，這是宇宙提醒我們需要轉變，也是內心對話與警醒的時刻。它催促我們進行反思，調整姿態、重新檢視自己的內在狀態，推動命運，朝著理想的方向前進。反思能夠清晰映照我們的內心世界，幫助我們調整對外界的觀點，猶如在球場上不斷調整每一次擊球的姿勢、位置和角度，以期下一次能夠揮出更完美的一擊。

在日常生活中遇到與慣有思維及行為相抵觸之事時，便是反思的契機。此時，適當的輔助工具或技巧可以作為我們內在轉化的助力。以深呼吸為例，在生命遇到有所抵觸之事時，深呼吸的強大淨化力量可以讓我們平靜下來，釋放內心的壓力和情緒，思緒也變得更加清晰。善用深呼吸使我們能夠更好地反思所面對的情況，避免因情緒波動而做出衝動、不明智的行為，使我們得以重塑自我、改變命運。

理解這一點再進入這堂課，你將有新的理解和收穫。記住，改變命運不需深奧技巧，只在一念之間。只要動念反思，便可改變自我。

接下來，我將分享一些實用的方法和技巧，幫助你建立並善用反思的習慣，從而改變命運。這些方法和技巧皆經過我多年的驗證，不論是改善人際關係、提升工作表現，還是實現個人目標，這堂課的方法和技巧都能給你有效的指導和支持。

發現慣性思維

二〇二三年，我從英國倫敦飛抵荷蘭阿姆斯特丹。當我在阿姆斯特丹機場火車站尋找前往月臺的刷卡閘門時，無意間發現了四根立在地上的小柱子，原來它們就是用來刷卡購票並兼具驗票閘門功能的設施。相較於我之前去德國的經驗，荷蘭的閘門設計更為簡潔，若不注意，很容易將這幾根柱子誤以為一般的欄杆。這種設計完全打破了我對車站的刻板印象。

這種特殊的設計不禁引發我的疑問：該如何確認乘客是否已購票？會不會有逃票的問題呢？我向站務人員詢問了以上的問題，他告訴我，每位站務人員均配有一臺如手機般大小的驗票機，只需用此機器感應乘客的信用卡，或掃描購票QR碼，即可確認乘客是否完成購票。看似非常便利先進，但這也意味著他們並沒有對每位乘客進行驗票。

聽到這裡，不免讓人感到匪夷所思。我們一直以來都習慣先到購票窗口或售票機買票、取票，或使用手機APP購票，再到閘門刷票進站的流程。然而，荷蘭這種購票及進站方式，徹底打破了我對搭車買票的既定概念。事實上，英國、德國、奧地利和捷克等許多我曾過去的歐洲國家，都實行這種自由心證的作法。他們認為上車購票是乘客的責任與義務，如果違反規定，將面臨高額罰款甚至法律裁處。當然，在車上還是會有驗票員隨機進行驗票。某次在德國慕尼黑的火車上，我就曾親眼目睹一對外籍母女遊客因買錯車票而被重罰，雖然買錯車票不等於未購票，仍被罰款六十歐元（約新臺幣兩、三千元）。

旅行之所以迷人，就在於能經驗到許多原本習以為常，卻又迥然不同的做法，徹底顛覆你的慣性思維。你需要打破以往視為理所當然的想法，去理解並融入每個國家獨特的文化和不同的處事方法。這種轉變不僅可以調整我們的慣性行為和思維模式，為旅行增添趣味，更能輕鬆改寫我們的生命軌道。

我在歐洲還看到了另一個很值得反思的例子。旅行時，我習慣把博物館和美術館列為必訪景點，因為博物館跟美術館是快速認識一個國家歷史、文化與美學的地方，但有些國家的博物館門票收費高昂。在我去英國之前，就聽說大英博物館是全球文明的代表，擁有龐大的收藏量，據說有高達九成以上的藏品尚未對外展示，且免費入場。這讓我感到驚訝，也完全顛覆了我對參觀博物館需要付費的印象。因此，我也安排了大英博物館一日遊，準備好好一窺堂奧。

踏進博物館後，映入眼簾的是大批人潮，我不禁產生一個疑問：免費入場真的是正確的做法嗎？我曾在其他國家參觀過博物館，參觀者寥寥無幾；但在大英博物館裡卻是人潮湧動，但令我感到失望的是，許多參觀者似乎更熱衷於拍照打卡。館內有不少穿制服的學生，或許是由學校帶來博物館的參訪課程，然而大部分學生都在嬉笑打鬧。

另一個與付費博物館明顯不同之處在於，在大英博物館裡，有許多珍貴展品竟毫無任何圍欄措施，遊客與展品之間完全是零距離。即便有「禁止觸摸」的警語告示，但在觸手可及的情況下，我就親眼看到許多遊客毫無顧忌的觸碰，並緊貼展品合照，儼然就是一場五感沉浸式體驗啊！目睹這一景象，又再次顛覆我對博物館的既有印象。

入館不到一小時，我就想要離開了，因為人潮的干擾讓我難以靜心欣賞這些世界級的收藏。我開始質疑免費入館的措施，遊客是否珍惜且用心欣賞這些珍品？對此我不禁反思，或許收費才能讓真正對館藏有興趣的人，靜心欣賞。我寧可付費換取寧靜的環境，靜心欣賞這些展品，也不想因為免費而受到干擾。

正當我對此深感困擾與升起批判心時，眼前的一幕震撼了我：一位皮膚黝黑、穿著像遊民的遊客，正全神貫注地觀看並細讀展品的解說，還戴導覽耳機仔細聆聽。他全神貫注的畫面帶給我強烈的衝擊，立即扭轉了我之前的想法：免費入館勢必會吸引某部分只是想打卡的群眾，但同時也讓無法負擔門票的人有機會親眼目睹這些世界級的珍品。

我們的每一個行動和決定，都可能揭示我們不願面對的現象，但也可能照顧到被忽視的人；可能帶來某種利益，但也可能需要犧牲他人的利益。在現實生活中，每個人處理事務的方式不盡相同，並非所有做法都是最佳或正確的。有時我們需要透過反思和學習，嘗試改變自己的思維，透過模仿他人不同的做事方式，生命可能會產生不同的變化。

正如黑格爾（Hegel）所說：「存在即合理。」無論你眼前的事物如何矛盾與不合理，都是在宇宙的平衡下運轉著，背後都有其存在的和諧。

改變僵化的神經迴路

你是否曾想過，我們的思維是如何從虛無中孕育而生的？這種看似無中生有的力量，背後究竟隱藏著什麼樣的運作機制，它又如何影響著我們的命運和未來？

大腦由無數精微的神經元所組成，這些神經元彼此再連結成各種負責傳達與執行任務的神經迴路，舉凡我們的意識、思考、行動、反應等等行為，皆由神經迴路所傳遞產生。當我們的內在世界與外在刺激發生激烈衝突時，神經元所連結的小宇

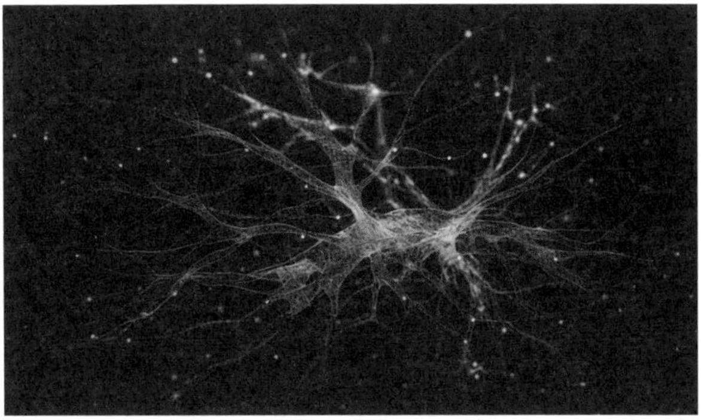

宙就會產生抗拒、抵抗，甚至啟動強大的心理防衛機制[16]，以保護那些精巧架構而成的迴路免於外在干擾。

因此，在面臨重大事件、突發狀況、逆境、與人溝通意見相左，或與我們原有思維、作風迴異的人事物時，我們會感到不安、抵觸與排斥，這代表著這些事情正在衝擊腦袋裡面的迴路圈。此時，若我們固執己見，那些跟我們迴路圈相左的人事物就無法改變我們的思維路徑，從而產生抵抗作用，這種情況也與我們過去的生命經驗造成神經迴路的僵化息息相關。

神經迴路僵化，意味著神經元之間的連接強度增加，形成穩固的神經迴路。這種穩定性體現在思維和行為上，就會表現在性格的固執。隨著年紀增長，迴

16 心理防衛機制（Defense mechanism）是一種心理保護系統，無意識地幫助我們應對讓人感到不舒服或有害的事情，減少焦慮感。它能幫我們保持自己的形象和個性完整，也有助於應對壓力和負面情緒。但是，如果使用過度或不當，防衛機制可能會導致心理問題或造成社交上的困難。

路圈會變得更加堅固，宛如一座被城牆保護的城堡。這種現象在男性身上尤為明顯。

從另一面來說，正是這些逆境和異見，造就了我們再次成長的機會。當我們的內心產生抵抗作用，便有機會使神經元之間的連結斷開，重組成新的迴路，成為擴展新神經迴路的機會。如果我們能夠以開放的心態去接納這些挑戰與刺激，就能夠更好地改變自己的命運。不要將逆境視為災厄，也不要將異見視為魔鬼，它們正是我們成長的關鍵轉折點。

愛因斯坦曾說：「我們無法以製造問題的思維去解決問題。」這句話提醒我們，問題的根源在於我們的思維方式。如果我們試圖依循相同的思維去解決問題，就如同試圖在昏暗不見五指的洞穴裡尋找出口。當生命遇到困境時，一定要先向內調整思維模式。每一次有意識地調整，都是我們在靈性之旅上邁向更高意識層次的一步。

重新塑造思維模式

神經迴路在我們十三歲後逐漸形成一層保護膜，當這層膜完全包覆神經元時，就會形成強固的迴路。在青春期之前，這層保護膜還沒有完全定形，也比較容易進行調整和改變，包括學習新事物。進入青春期後，神經元形成了堅固的迴路，人格特質也已經鞏固，外在事物便難以改變一個人。然而，在這一過程中，外在環境和經歷對於神經迴路的發展仍然起著至關重要的作用，特別是那些負面的經歷，會深刻影響孩子的心理健康和未來的人格形成。

以孩子為例，當他們在面對困難或被長輩責罵時，往往會感到無助，因為他們的大腦尚未擁有足夠的資訊和經驗來應對這些情況，不知道如何妥善地處理外在困擾。暴力、恐懼與焦慮都會阻斷神經迴路運作，如果孩子從小就處於暴力、爭吵、被霸凌與家庭失和的環境中，將嚴重干擾他們神經元的正常發展，阻礙神經迴路正常的運作。他們很可能感到極度不安全和無助，產生焦慮和抑鬱的情緒，長大後思考和解決問題的能力也會受到侷限，缺乏面對挑戰的信心。

童年時期的每一個體驗都深深地烙印在孩子的心靈中。嚴重的心理創傷，可能在神經迴路中產生一種防禦性的思維模式。身心的自我保護機制，會促使孩子在成長過程中自然而然地培養出高度的警覺、戒備和規避心理，以因應可能的危險或傷害。這層保護膜的防禦機制通常表現為反抗、抗辯或逃避。然而，這種機制就像我們的心靈防護罩，能幫助我們避免因重蹈覆轍，再次受傷，並提供最適合的判斷力。

這種防禦機制雖然在暴力環境中具有適應作用，但也會讓孩子對新環境和新體驗產生恐懼和抗拒，限縮了他們探索世界、嘗試新事物的欲望，進而窄化了思維視野。

因此，當我們意識到心理防禦機制對於我們的生活和思考方式所造成的限制時，務必先調整你的思考慣性，才能改變未來的生活。不論是政治、性別、宗教、家庭等問題衝擊到你的內心時，都先別抗拒與辯駁，觀察內心與外來事物之間的反應，並且坦誠的看待這些變化，允許它們進入你的思維過程，重新檢視、調整。帶著高度覺知觀察以上的循環多次後，便能夠重新塑造思維模式，進而影響行為，帶動生活的改變。實際上，這就是身心靈的整合過程。

生命的整合與未來的開創，本質都是調整行為模式，前提是要有意識地鬆開神經元，重新調整迴路圈的連結方式，讓新的神經迴路模組啟動全新的生命。這樣的調整不僅僅限於心理層面，實際上在生活中的各個方面都需要進行相應的改變。

例如：有些人在運動時，喜歡透過更換場地來尋求某種刺激，這是因為重複的場地會讓人產生一種習慣性，而喜歡這些運動的人，往往就是不喜歡被約束在某一種的生活態度上面。同樣地，生活中的固定模式也會讓我們陷入舒適圈的命運牢籠。

想要真正改變命運，就必須願意挑戰這些固有的模式，尋找新的刺激與可能性。這種轉變與淨化，才是開啟新命運的關鍵所在。你必須記住一個核心觀念：神經迴路圈不僅塑造了你的行為，同時構築了你當前的生活環境，為未來埋下了種子。

許多人誤以為每天張開眼睛就代表著新的開始，然而，真正需要改變的，並非外在的世界，而是我們的內心。促使我們改變的並非動機，而是對不想改變的狀況有清楚的認知，以及對達成目標的強烈渴望，這個過程就是覺醒。正如英國首相柴契爾夫人所說：「留心你的思緒，因為它們成為言辭。警覺你的言辭，因為它們成為行動。留心你的行動，因為它們成為習慣。觀察你的習慣，因為它們塑造品格。照料你的品格，因為它將成就你的命運。」

破解慣性思維的四個方法

我們的大腦迴路一天二十四小時不間斷地運作，即使在無意識的情況下，仍然影響著我們的想法和行為。根據醫學報導，我們一天中高達九十五％的時間處於這種模式，就像是開啟了自動駕駛一般。雖然我們能夠順利抵達目的地，卻對路途中發生的一切毫無知覺。這種無意識的迴路讓我們難以改變和突破命運。因此，當遇到與我們原有觀念相違背的新事物時，正是打破這個迴路、改變命運的契機。

接下來，我將分享輕鬆地改寫你的無意識，從而改變你的未來的四個方法。請記住它們並持續練習，直到完全融入你的生活。因為第四個方法「解除靈魂防衛機制的警報，讓好運順利來臨」比較複雜，我將在下一個堂課中進一步的解釋和說明。

第一個方法是「聽到完全與你觀念相悖的觀點時，暫停回應，讓心境停滯片刻」。

當你聽到與自己認知相違的觀點時，先暫停所有反應。告訴自己不要急於回應，而是深呼吸，讓心情平靜下來。這樣的停頓就像緊急剎車，中斷了思維的慣性，為你提供了重新評估的機會。當你習慣於按下這個「暫停鍵」時，外來的新觀念便有機會進入你的思維迴路，啟動扭轉和改寫生命的機制。你會發現，原本頑固的信念和想法慢慢鬆動，思維模式也隨之轉變。

這個方法無法一蹴而就，但只要你持之以恆地練習，最終定能啟動新的人生軌跡。所以，無論是家人、朋友還是陌生人，當他們的觀點與你格格不入時，第一反應不要拒絕，提醒自己深呼吸。

第二種方法是「模仿，也是改變你大腦迴路圈最快速的捷徑之一」。這種方法古人早已知曉，即結交良師益友與善知識。結交一些與你思維不同的朋友，並從他們那裡獲得全新的觀念，無論是在理財、教育孩子、人際關係或婚姻等方面，透過模仿和學習他人的迴路圈，改變自己的思維模式。

分享一則真實的小故事。當兵服役期間，我在空軍指揮部擔任一名少將將軍的侍從士。在那時，我意識到若想要在未來快速成功，必須向比我年長的人學習，如此做能節省我多年的摸索期。在當時，這位將軍就成為我最佳的學習對象。因此，從我擔任侍從士的那一刻起，我便細心觀察將軍的行事作風、與軍官的互動，以及在面對問題時的決策過程。

在觀察近半年後，我意外發現將軍不為人知的小祕密。每晚，將軍都會閱讀一本小冊子，裡面收錄了古代先賢的智慧語錄、東西方哲學和宗教名言。雖然內容簡潔，卻深具啟發性。我常常趁將軍不在軍營時，偷偷閱讀這本小冊子。幾次後，我直接拜訪印刷廠，成功取得了這本書。仿效將軍，我將它放在床頭，每晚誦讀。這麼多年過去了，至今這本書仍在我的書櫃上，依舊是我常翻閱的書之一。

不得不說，我的許多觀念和處事方式都是從這本書中學到的。後來的經驗也確實證明了當初的想法——若要成功，就必須快速的超越同齡者的思維和行為模式，而最快的方式就是近距離學習並模仿一位你認為成功的人，從他的言行中汲取智慧。

如果你沒有學習模仿的對象，我認為閱讀是一種極佳的方式。透過閱讀，你可以輕鬆模仿任何你想學習的人的靈魂意識。在一年內閱讀五到十本書，你就能複製五到十人的迴路圈，這難道不是一種非常簡單的方法嗎？正如我的靈界導師在《請問財富》中的教誨：「若欲修練富足意識、轉變財富心法，最佳方式就是將閱讀範疇鎖定在與財富致富相關的書籍，這能快速地轉動你的靈魂意識，使你的靈魂從貧瘠變成富足。」不論你想成為何種人，過上怎樣的生活，從書籍當中複製別人的大腦迴路圈是改變你命運的最佳方法。

第三個方法，也是最直接的方法：「完全臣服於靈性導師的教導」。在古今中外的傳統修行中，靈性導師扮演著極為重要的角色，他不僅改變你的思維與行為，同時也帶領你的生命通往解脫之道。然而，這樣高度靈性的導師，往往千載難逢。

一旦遇到他，你必須完全臣服其教導，師生之間的關係就如同父子之間的連結。

靈性導師並非僅以人的形態示現，有時也可能是無形的存在。拉瑪那尊者曾說：上師是「外在的」，也是「內在的」。他從「外在」把心思推向內在，也從「內在」把心思拉到真我，協助你把心思安靜下來，這就是上師之恩（**Guru-kripa**）。神、上師、真我，並無分別。[17]以我自身為例，我視靈界導師為我的靈性導師。祂私下傳授給我許多教導，其中包括神祕學、玄學、靈修等方面的知識，也涵蓋了處理現實生活中事務的方法以及思考的方式。

在我之前的著作《我在人間與靈界對話》和《我在人間的靈界事件簿》中，我詳細描述我們之間的緣分和故事。在其他著作，如《請問輪迴》、《請問財富》和《請問覺醒》中，我以豐富的文字詳細地轉述了祂對我的引導。其實，你正在閱讀的這一本書中，每一堂課都清晰呈現了祂對我的啟示。如果讀者對上述內容感興趣，可以進一步閱讀以上書籍，深入了解我與祂之間的精彩故事及祂對我的引導。

或許你會聯想到，透過上課的老師教導，是否足以達到相同的目的呢？現代人

---

17 引用自《真我精粹．印度靈界導師拉瑪那尊者教誨進階版》紅桌文化出版。

參與身心靈課程時，通常只限於學習和接受新觀念，這樣的力道並不足以強烈衝擊和扭轉迴路圈，並改變他們的思維模式。

我必須要再次重申，改變思維模式需要付出極大努力，過程甚至會相當痛苦，僅仰賴上課遠不足夠。古人常用的「當頭棒喝」，即是透過強烈的思想衝擊或言語攻擊，讓一個人的思維迴路暫停運作、停止思考，是重塑一個人的人格特質，進而改變未來最有效的方式。

讓我再分享另一個故事。靈性大師葛吉夫曾經命令所有弟子站在即將洩洪的河流中，並指示他們：「沒有我的命令，任何人不得離開。」當河水慢慢從腳底蔓延到膝蓋時，一部分弟子已經離開。當水淹到脖子時，幾乎所有人都已經逃離，僅剩下一名學生。當水淹沒那名學生的全身時，葛吉夫用力從他的後頸將他拉出水道。就在那一瞬間，這名弟子開悟了，這就是臣服老師的重要性。

若能找到你此生的靈性導師，並且真心臣服於他的教導，將徹底的改變你的思維迴路，進而創造一個全新的生命。

第四個方法則是「解除靈魂防衛機制的警報」，也就是打開內心，放下心理防衛，才能真正吸收改變命運的力量。下一課將會更深入講解如何執行這個方法。

改變思維模式並不是一蹴可幾的事，需要持之以恆的練習。一些可以嘗試的方式包括：多接觸不同領域的人和事物、主動挑戰固有想法、設身處地為他人著想、培養同理心等。只有持續突破自我的藩籬，我們才能真正擁抱多元開放的思維方式。

在《請問輪迴》中，我的靈界導師曾特別強調：「一條靈魂會從世界中消失，其中一個原因是他以同樣一種觀念和生活態度，不斷周而復始地運用某一種自認為最對的生活方式度過此生。當一個人的靈魂沒有變化性時，經歷了多世的靈魂轉世，他的靈魂就會慢慢地消失，就像一塊僵硬乾枯的礦石，最後會風化碎裂掉。」

當你的靈魂意識不具有彈性，你的大腦迴路圈就像城堡一樣堅固，就如同用一種僵化的態度在過生活，最終只會讓你的生命變得枯燥無味。因此，我們不需要捨近求遠，思考輪迴轉世、因果業報是否存在，或者是否有天堂與地獄，那些我們此時此刻無法印證的事情就交給專家去思考吧！我們應該要去思考的是，現在的生活是否符合你的期望。

回到這一堂課的核心：要創造美好且豐盛的生活，首要條件是放鬆大腦的思維模式，讓思考變得靈活、多元且多層次。當面臨問題時，記得深呼吸，不要急著做出反應，這樣的行動本身就能輕鬆地改變你的未來。

讓好運自動靠攏的修練法則

在這堂課中，我們討論了神經迴路對命運的影響。然而，這些無形的神經迴路在現實生活中如何具體表現並影響我們呢？答案就在於言語，尤其是那些對我們心靈產生負面和否定效果的言語。舉例來說，「你做不到」、「你不夠好」、「你總是無用」、「不可能」、「糟透了」等等。這些負面言語不僅削弱了我們改變神經迴路的動力和決心，還加劇了神經迴路的固化程度。

透過「主客分離」的對話練習，能夠快速地將自我從負面言語與情緒中分離出去，進而提升自我覺察和改變的能力。這種內心的對話練習，讓我們與眼前的言語保持一段距離，不論是來自他人還是自己內心的負面言語，都能夠透過這種分離，讓它們僅停留在語言層面，而不與自我綁在一起。這樣的過程有助於我們改正自己的負面言語和思維模式，從而打破原有的神經迴路，開啟新的思維方式，並促使靈魂意識得以轉化與淬鍊。

為了應對這些負面言語和思維模式，在面對與我原有觀念相違背的情況時，我最常向對方提出：「你可以讓我再想一想嗎？」、「你能具體說明你的想法嗎？」、「你的觀點與我之前的經驗和理解有所不同」，這樣回應有助於提供給我更多時間來思考，避免衝動做出決定。此外，我也會去思考對方言語背後的動機：「他說這句話背後的動機是什麼？」、「他的想法可能只是片面的看法。」同時，我也會觀察自己當下的內在情緒與身體反應，這有助於我更深入地理解對方與自己的觀點，同時開啟新的思維模式，有效阻斷原有的神經迴路運作。

言語擁有強化催化力與創造力，能夠開啟無限的未來可能性。它不僅影響我們的內心世界，還能塑造外在現實。如果你對這些正面的話語感到陌生，那就從今天開始，每天早晨對著鏡子練習，直到它們成為你生活的一部分。

強效心靈語句 讓好事自動歸位，輕鬆改寫未來命運

◆反思能夠清晰映照我們的內心世界，幫助我們調整對外界的觀點，猶如在球場上不斷調整每一次擊球的姿勢、位置和角度，以期下一次能夠揮出更完美的一擊。

◆旅行之所以迷人，就在於能經驗到許多原本習以為常，卻又迥然不同的做法，徹底顛覆你的慣性思維。

◆我們的每一個行動和決定，都可能揭示我們不願面對的現象，但也可能照顧到被忽視的人；可能帶來某種利益，但也可能需要犧牲他人的利益。

◆「存在即合理。」無論你眼前的事物如何矛盾與不合理，都是在宇宙的平衡下運轉著，其背後都有其存在的和諧。

◆正是這些逆境和異見，造就了我們再次成長的機會。

◆不要將逆境視為災厄，也不要將異見視為魔鬼，而是要珍惜，因為它們正是我們成長的關鍵轉折點。

◆生活中的固定模式也會讓我們陷入舒適圈的命運牢籠。想要真正改變命運，就

必須願意挑戰這些固有的模式，尋找新的刺激與可能性。這種轉變與淨化，才是開啟新命運的關鍵所在。

◆ 你的迴路圈不僅塑造了你的行為，同時構築了你當前的生活環境，為未來埋下了種子。

◆ 留心你的思緒，因為它們成為言辭。警覺你的言辭，因為它們成為行動。留心你的行動，因為它們成為習慣。觀察你的習慣，因為它們塑造品格。照料你的品格，因為它將成就你的命運。

◆ 當你聽到與自己認知相違的觀點時，先暫停所有反應。告訴自己不要急於回應，而是深呼吸，讓心情平靜下來。這樣的停頓就像緊急剎車，中斷了思維的慣性，為你提供了重新評估的機會。

◆ 不論你想成為何種人，過上怎樣的生活，從書籍當中複製別人的大腦迴路圈是改變你命運最佳方法。

◆ 靈性導師並非僅以人的形態示現，有時也可能是無形的存在。

◆ 若能找到你此生的靈性導師，並且真心臣服於他的教導，將徹底的改變你的思維迴路，進而創造一個全新的生命。

◆要創造美好且豐盛的生活，首要條件是放鬆大腦的思維模式，讓思考變得靈活、多元且多層次。

醒靈魂原力密咒

我無法預知未來，但我知道，永遠不要停止，生命終將回應我的努力。

第 9 課

解除靈魂防衛

本堂課是延續第八堂課「破解慣性思維的四個方法」中鬆綁神經迴路的最後一個方法。在進入本堂課之前，容許我再次提醒你：請確保你已經完全理解並實踐了破解慣性思維的前三個方法。在此基礎之上，才能真正掌握運用內在心靈力量以轉變思維模式和行為，進而重寫神經迴路，塑造一個全新的未來。

每個人都擁有改寫命運的潛力，關鍵在於是否願意相信自己絕對握有塑造命運的力量和主導權。當你喚醒內在的靈魂意識，天命的潛在能力隨之覺醒，你將能夠自主地改變你的命運。

我要強調的是，改變未來並不需要依賴外在資源，如求神算命、討好他人、花費巨資參加課程、累積無數張證照，或是不擇手段地獲取他人資源。這些都是非必要的選擇。

用言語改變潛意識

人類大腦像是一座精密的工廠，內部擁有無數複雜的神經迴路。這些迴路並非僅僅用來傳遞訊息，更是思維和行為的源頭。當我們的思維在神經迴路中快速流動時，便會釋放出一道又一道的強大磁吸力。尤其是專注於某種特定的思想或情感時，我們會吸引到與之共鳴的外界事物，從而共同創造出我們的生活環境，這就是靈魂的吸引力法則。理解這一點後，你便能夠理解「思想創造實相」的根本道理。

磁吸力的形成，讓生活無形間被植入了一款穩定而持久的程式。即使日常生活的小節奏不斷變化，我們的大部分時間仍然按照某些固定的軌跡運行，以至於我們可能會不自覺地吸引那些與我們擁有相似特質的人和事，進一步鞏固這種生活方式。

思維模式隨著時間和經歷不斷演進，形成了相對固定的神經迴路和思維習慣，就像鑄鐵將熔化的鐵液注入模具。然而，生活中偶然發生的強烈體驗或有意識的行為，仍然能夠扭轉大腦原有的神經連結，徹底改變其思維和行為，從而開啟新的可能性並引導個人走向不同的人生道路。例如：創傷後壓力症候群（PTSD）、突發性的靈性覺醒、瀕死體驗，以及冥想修行。

有創傷後壓力症候群的士兵和受害者，大腦結構和功能會明顯變化，尤其是情緒調節和壓力反應區域。某些人在經歷靈性覺醒或瀕死體驗後，原有的世界觀與價值觀會徹底改變。長期進行正念冥想修習，能夠重塑大腦的神經結構和功能，形成全新的神經網絡和整合模式，有助於促進深層的心智轉化和覺醒，提升自我體察和自我統御能力。

儘管我們有意識地想要改變生活，一旦面臨壓力或情緒波動，大腦往往會本能地退回到熟悉的運作模式。這也解釋了為什麼人們通常下定決心改變，卻一再重蹈覆轍。比如想減肥的人就算有心斷除對高熱量食物的依賴，當情緒低落或生活上遇到問題，就會不由自主地重返那些讓自己身材走樣的飲食模式。

大腦會下意識地透過各種防禦機制阻礙我們改變，如果缺乏深入的反思和強大執行力，即便有改變的契機，也難以脫離原有的神經迴路模式。

想要改變神經迴路，關鍵在於如何運用自我意識去觸碰那些深藏於無意識中的模式。當我們開始意識到自己的行為模式不再是無意識的反應，而是可以被意識所察覺和調整時，便開始了轉變的旅程。言語就是最容易被察覺的方法之一。透過察覺我們所說出去的話，可以揭示並重塑那些潛藏在我們行為背後的信念，以及趨動命運的動能。

科學研究已證實，言語不僅反映了內在世界，更會強化或改變某些人格特質。積極友善的語氣和態度，能提升自信心、自尊和自我效能感，從而增進生活品質和幸福感；反之，消極傲慢的話語則可能引發自我懷疑、自我否定等負面情緒，降低生活品質。更重要的是，言語背後隱含著意圖和信念，這些潛在的含義可能會對人際關係和個人成長產生深遠影響。

某些看似善意的話語實際上可能隱藏著複雜的心理動機。舉例來說，我們最常聽到或不小心說出的「我是為你好」，實際上這句話背後隱含著強迫性的意圖和信念。更危險的是，當你長期以否定的態度與人溝通，尤其是對待家人時，必將被這些負面言語的力量所反噬。

每一句話都是你內在的映射，而你所說的話更強化了內在信念。當你否定他人時，實則是你自己缺乏自信，不懂讚賞別人，某種程度上也是在否定自我。不妨嘗試以下兩種驗證方式，你就能了解言語對你的影響有多麼的強大。

第一：大聲重複以下話語：「我是對的」、「你應該聽我的」、「不要和我爭辯，我比你知道得多」、「我經驗豐富，無需擔心」、「你不懂，讓我來解釋」。

你可能會感覺到一種內在的力量感，甚至可能會有壓迫他人的傾向。這些話語透露出一種控制慾，暗示著「只有我生活和處事的方式才是正確的」。以上言論所散發的信念會強化大腦的神經連結模式，進而影響我們的情感和行為。

如果你經常不自覺地使用這些詞語，並且對現在的生活感到滿意，那麼繼續使用這些言語可能沒有問題。但如果你想要改變未來，追求更美好的生活，請有意識地避免在日常交談中使用這些帶有控制性的詞語。

第二：在現實生活中的長輩、上司、伴侶或朋友，是否對你使用過上述那些帶有控制和否定的話語？再反觀自己，是否也曾不自覺地對他人，尤其是對待家人、下屬或處於弱勢地位者，使用過類似的姿態指手畫腳呢？讓我們設身處地思考一下：如果整天都有人用這種挑剔、指責的語氣對你說話，你將會有何感受？

當我們能夠不斷反思上述那些貶抑、壓迫的言語，並且努力改正這種行為時，我們的人際關係將會獲得改善，更重要的是，這種改變已經在我們的神經迴路中產生了深遠的影響。言語折射內心世界，慣用的言辭塑造你的信念。二者相互交融、相互影響。

覺察心理防衛機制

日常生活中有一種行為模式也會不斷加深大腦神經迴路的固定性，那就是：期望他人按照我們的方式行事，並且拒絕接受不同的觀點。這種行為不僅扼殺了我們改變未來的可能性，更限制了靈性的成長，阻礙我們突破思維、達到靈魂的轉化與覺醒。

當我們強迫他人接受我們的想法，實際上是在加固自己的神經迴路，同時也限縮了我們改變命運的能力。所產生的反作用力卻使得跳脫固有的思維框架變得更加困難，這種現象在長者之間尤為明顯。他們習慣使用命令式的語氣，堅持自己的原則和想法是唯一正確的，容易忽視他人的意見。這不僅阻礙了人與人之間靈魂能量的流動，並造成摩擦和隔閡；從靈魂意識覺醒的角度來看，這種壓制他人想法的行為，最終會反映在自身上，使自己無法擺脫命運的束縛。

理解了上述理論後你會發現，想要改變命運，要先擺脫舊有的思維模式。不要浪費時間去說服別人，也不要期待他人和世界完全按照我們的方式運作，你才有多餘的心力去改寫神經迴路的架構。畢竟，每個人都是自己人生的掌舵者，本就不容易被他人改變，我們又怎能期待去改變別人呢？

現代人對別人的家務事很感興趣，尤其是在社群媒體上，我們很常見到有些人總是可以很輕易地留言批判，對於他人的過失也總能像是自己親身經歷般的指手畫腳地論斷。然而，當面對自己家庭、生活的種種困頓時，卻總能找各種理由和藉口來合理化一切。反觀我們自己，如果連自己家庭的事務都處理不好，又何必對他人的家務事說三道四呢？

在評判或期望他人遵循我們的方式之前，讓我們先深呼吸，將注意力轉向內心，這是改變未來的關鍵與喚醒靈魂意識的契機。當我們以這種方式來處理人際關係中的問題時，不僅能更深入地理解他人，也能重新調整我們的思維方式。特別是在爭執中，我們可以選擇先暫停下來，不讓舊有的神經迴路有機會操控我們。

當我與他人意見不合時，我會先反問自己：「我怎麼能確定自己就是對的？」

這樣反問可以幫助我保持冷靜，避免情緒失控。即使不情願，我也會嘗試對方的方法，給彼此一個機會。這種做法不僅增進了人際關係，也讓我們的思維更加靈活。畢竟，沒有人能保證自己的方法是唯一正確的，何不大膽嘗試新的方法呢？

有人可能會反駁說，父母不是應該要教育孩子嗎？在他人需要幫助時，難道我不應該提供更多建議嗎？作為主管，難道我不應該給予部屬更多指導嗎？然而，我想要說明並強調的是，在人與人溝通的藝術中，我們應該給予彼此適度且富有彈性的思考空間。正如我在上一堂課所提到的，每個人的內心世界都有一套防衛機制，這套防衛機制在溝通時會無意識地浮現出來。

當對方反駁你時，代表他們的內在防衛本能啟動，正在維護自身的思維模式。同時，這樣的反駁也證明了你的防衛機制同樣在運作中。在這種情況下，繼續溝通可能無助於改善彼此的關係，甚至可能造成彼此更大的壓力。當你察覺到雙方無法有效溝通時，先暫停爭論，給予自己和對方思考的空間，重新調整心態，避免激烈情緒化的發生，這是化解雙方防衛機制最有幫助的做法。

防衛機制不僅是心理對陰影的投射與反抗，它更像是一個狡猾騙子，讓你在生活中戴上社會所期待的面具，過著虛偽且違背自我的生活。有人因恐懼死亡或逃避某種宗教道德規範，而假裝成無神論者[18]；有人表面上咒罵同性戀者或批評與LGBTQ相關的議題，實際上自己卻是個深櫃者；有人口若懸河，高談闊論自己的價值觀和人生觀，卻無力面對生活中的挑戰。這些都是心理防衛的極致表現。

因此，覺醒的靈魂能洞察心理防衛的幻相，而未覺醒者則受其操控，被囚於無形的牢籠。心理防衛如同慢性毒藥，一點一滴侵蝕真我。若未在世間覺醒，這毒藥將扼殺靈魂，直至下一世。轉化命運的契機，覺醒即是解藥，能釋放我們的天命潛能，引領至更高的自我實現。

打破內在鎖鏈，轉化靈魂意識

「他人即地獄。」─法國哲學家沙特（Sartre）在他的戲劇作品《間隔》中，直指人性的黑暗與弱點。在地獄的幽暗處，三個亡靈相互戒備，封閉心靈，折磨彼此。

18　法國哲學家沙特可算是典型的無神論者，亦是存在主義的代表人物之一，主張人類的存在先於一切的本質，並且每一個人都必須為自己的行為來負責，而不將自己的行為與成敗推卸給任何人。他認為，當沒有神的存在時，人們就必須為自己創造自己的意義。

他們孤獨無助，卻不能獨立存在，因為人性中總是夾雜著他人的目光與社會期待，同時被困在自我的牢籠裡，成為將彼此拉入地獄的罪魁禍首。這種永無止境的循環，是人們無法逃脫宿世命運的源頭。

地獄裡的三個亡靈，分別代表了有意識的我、防衛機制和外在世界。如果沒有認清這一事實，我們終其一生都將活在與自己對抗的地獄中。畢竟，「成為真正的自己」是一個龐大的靈魂課題。

在沙特筆下，地獄的亡靈們因無法擺脫他人的目光和社會的枷鎖而痛苦。然而，這些枷鎖其實源自我們內心深處無法突破的心理防衛機制。我常以「假性人格分裂」來形容一個人言行不一致的這種內在矛盾，這種矛盾不僅存在於他人身上，也潛藏在我們每個人的心中。

當我們意識到這些內在的鎖鏈時，就必須有意識地去進行調和。我認為，在與人互動時，適當的傾聽和保持沉默是最佳的方式。它不僅有助於解開彼此的心理防衛機制，同時，我們還能在這個過程中，逐漸整合與轉化自己的靈魂意識。

在多年的通靈問事與塔羅占卜經驗中，我意外地發現一個深刻影響著人的思維和命運的關鍵：當一個人的心理防衛機制被激起時，他會很明顯的想扭曲占卜結果的準確性。這個發現也讓我深刻認識到，要真正洞察一個人的命運，不僅需要解讀塔羅牌的象徵意義，更重要的是要理解並解開人們心中的防衛機制。

這些防衛機制往往是由內心的恐懼、不安或過去的創傷所構築，它們如同濃霧一般，遮蔽了人們認識自我和預見未來的視野。要真正成為一名助人工作者，必須學會看穿這層心理迷霧。然而，經過多年的探索和學習，我發現沒有一個固定不變的方法。

你可能會好奇，當我在進行通靈問事，面對心理防衛機制極強的個案時，我會以何種方式來處理？

當我完全進入通靈狀態時，我感受不到現實空間的存在。有時，我會感覺自己與身體分離，雖然在個案看來我坐在他們面前，但我卻無法感知對方的存在。然而，當個案的防衛機制過度強大，散發出不信任我的態度時，我的思緒會突然中斷，無法表達任何話語，腦海瞬間變得空白，彷彿被某股無形力量拉進一個深沉且空靈的狀態。即使我已經進入異度空間，只要對方的防衛機制一拉起，我便難以在另一個世界停留太久，也難以從靈界導師那裡獲取所需的資訊。

大多數人都希望在通靈中獲得解決生命困境的資訊，卻不明白，獲取訊息的精準度與多寡，取決於他們心的開放程度。許多人帶著強烈的戒備心理前來，只想聽到自己想聽的，而非接受改變生命的不同見解。這也是我不再提供通靈問事服務的原因之一。

靜默的自我療癒力

後來，我就讀生死教育與諮商研究所時，修習了一門對我影響至深的課，那就是關於傾聽的技巧。我發現，傾聽不僅是一種藝術，更是打開彼此心扉的最佳鑰匙。傾聽能幫助我們整理思緒，緩解爭奪發言權的渴望。有時我們試圖用言語說服或建議他人，但往往事與願違。真正的改變只能從自我開始，我們必須先釋放內在的情緒和焦慮，才能看清問題的本質。

在一節五十分鐘的諮詢過程中，事實上有近四十分鐘是在傾聽求助者的訴苦。當一個人能夠傾吐長久以來的苦悶時，防衛機制就會慢慢崩解，內在的平靜就會浮現。正是在這寧靜時刻，他的靈魂會變得清明，洞悉問題真相，也是自助解困的關鍵時刻。

在學習傾聽的過程中，我體會到靜默所蘊含的奇妙力量，它不僅讓人敞開心扉訴說祕密，也能讓人完整表達苦悶。然而許多人卻畏懼傾聽時的沉默，甚至視之為尷尬。你可以將靜默視為一種靈性的療癒力量，善用它，不僅使我們能夠獲得身心靈的平衡，還能使靈魂感受到宇宙的智慧。

在傾聽時，需要全神貫注，絕不打斷當事人的述說。想要掌握傾聽的深層力量，首先需要覺察到想要發言、勸說或指正的念頭，這些念頭往往源自對他人的控制欲望，也是內心防衛機制即將啟動的前兆。由此可知，傾聽實為一種內在的修為。當我們留意到自己想要發言、說服或指正他人的念頭時，即能掌握這些念頭，這樣的內在轉化不僅能夠減少人際衝突，同時也使得我們的靈魂能量更為純淨充盈。改變他人的執念是改變命運的絆腳石，我們真正需要摒棄的，是想要控制他人與世界的心念。當我們意識到這一點時，便開啟了內在覺醒之路。

正是基於這種內省，我們才通曉宇宙自有運行的法則和意識。當我們不斷試圖說服、教訓他人時，反而無法真正與宇宙意識相連，因為與它相通需要靈魂的力量，而這股力量來自於收攝心念，將改變外界的欲望拉回心裡。

這份向內轉的力量無比強大，足以改變一切。我們不應試圖改變外在世界，而是應該安住在自己的天命軌跡，與宇宙運轉法則共存。這樣一來，生活終將達到和諧與安寧的境界，一切美好的事物將自然而然地湧向我們。

掌握言語的藝術意味著學會沉默，不介入他人的生命，讓他人靈魂自由地成長，這是我們與宇宙和諧共鳴的方式。

神性緘默

靜默，不僅引導他人敞開心扉，更能深層地淨化我們的靈性。隨著時間的推移，默語在我生命中，逐漸從一種交流技巧，轉變為內心的常態。在英國旅行途中，我意外地進入了一種超越言語與思維的幽玄境地。

當時我在高速行駛的火車上與朋友通電話[19]。正當我準備回答朋友問題時，一股寧靜且無聲的氛圍悄悄地包覆著我，在那一刻，「我」的念頭絲毫不起，無法開

19 他的故事與第十堂課有關，詳細內容請見第十堂課〈尊重靈魂意識界限〉。

口，意識飄離了現實，彷彿進入了另一種世界。在這無聲的境界中，我觸及了友人的問題核心，卻無法用言語表達。待「靜默」之境散去，我向朋友解釋，之所以未能立刻回答，是因為我沉浸在那難以言表的境界中，靜默彷彿奪走了我的語言能力，但同時我卻在「那」境界中洞悉了他的問題。

隨著這種神祕現象越來越頻繁地出現，我逐漸感受到自己在生活中失去了說話的欲望。我大部分的時間都在保持沉默。你相信嗎？我幾乎不再透過任何通訊軟體與人閒聊，除了處理必要的公務之外。然而，這種情況竟意外地提升了我的洞察力，讓我能以最簡潔的言詞，直擊問題的核心，以最有效的方式解決工作和生活中的難題。

我總能在「靜默」之境見到問題的本質，並以最直接、最有效的方法加以處理。在這一種狀態底下，我每一天就能省下更多的時間，讓自己冥想、獨處以及沉思。那是一種沉浸在極致幸福、寧靜中的狀態。或許由於這股如離世般的體驗反覆上演，我對死亡的恐懼也逐漸消弭。如果臨終狀態便是如此，那麼死亡未嘗不是通往幸福與安寧的一種途徑。

在二十餘年的靈修之路上，我經歷過無數次難以形容的喜悅時刻。當思緒全消弭於無垠的寂靜之中，那是一種深度冥想狀態，感官與思維全然隔絕，心靈彷若昇華至新境界。這種沉潛的狀態並非虛幻，反而是一種真實而深刻的體驗，雖不常見，有時也會在獨處或談話間就突然降臨，無法預測。那些了解我背景的朋友，會在我陷入那種狀態時自然地保持沉默靜候，而我也從未對其加以解釋。

分享這段經歷是想讓你理解，當我處於「神性緘默」之中時，世俗的紛亂與干擾就無法影響到我。正是因為內心處於飽滿的靜默之中，方能滋長內在幸福，使我得以不受外界干擾，強化靈魂意識並重塑未來。這種內斂沉潛，不僅使我有能力體悟更高層的真理，並且自然而然地為我吸引許多美好的事物，這正是開創美好命運的一把鑰匙。

我要再次引述靈界導師在《請問輪迴》中的教誨：

> 我們無法改變世間的一切，唯有靜觀它、等待它、聆聽它。人要學習一顆柔軟的心對待世間的一切，逆境、順境須以靜觀面對它，當我們離去時，唯有平靜仍深深印記在我們心中。

若希望得到宇宙的協助，首要條件是打開靈魂意識。宇宙不會拒絕幫助你，真正阻礙的是你自己。唯有放下內心的防衛，才能喚醒改變命運的力量。這就是英國哲學家西德尼所說「天助自助者」的道理。

放下心理防衛，降低迴路慣性運作，才能多方學習到有助於改變命運的觀念。知名靈性作家卡羅琳．密思（Caroline Myss）曾說：「靈魂總是知道如何治癒自己，挑戰在於讓心靈沉靜。」也是這個道理。

讓好運自動靠攏的修練法則

人的存在本身就是孤獨的。從古希臘的蘇格拉底（Socrates）「認識自己」，到笛卡兒（Descartes）「我思故我在」的哲理，西方哲學傳統一再強調透過孤獨冥想才能開啟智慧之門，獲得真知。東方智慧也極為重視這種超越語言理性的頓悟體驗，將其視為「證道」或「開悟」的關鍵。

要解除靈魂的防衛機制，化解人與人之間的共業，你需要遠離不必要的言語，專注在獨處沉思，讓孤獨成為自然狀態。在這靜默的時刻，我們可以深入內心，與自己對話，洞悉內在的聲音。當我們能夠面對孤獨，成為一種自然存在的狀態，好運與改變未來的契機便會湧現，神靈的庇護也會緊緊護持我們，引導我們走向更圓滿的生命。

當你達到這樣的境界時，那些不屬於你生命的煩惱自然會遠離，困擾你的人和事也會逐漸消失。同時，隨著負面的事物被清空，真正美好的事物和正向能量將開始在你生活中萌芽，就像我在過去幾年所發現的一樣。因為我遵循這樣的方式，我的生活變得越來越簡單，繁瑣的事情也不再出現在我的生命中。

以下是可以幫助你轉化意識並沉浸在孤獨中，獲取轉化生命能量的方法：

・陪伴負面的情緒

當孤獨的情緒湧現，不必徬徨與無助，每一個人都有孤獨的時刻，應將它們視為通往意識的轉化之門。在遭遇孤獨與無助之際，不妨靜心地陪伴那些不斷湧現的孤獨感並觀察它。

你的意識會進入到一種更深層的內在，與之相處越久，意識會顯露出無比的清明和喜樂。這種洞察生命本質的能力，正是孤獨賦予的轉化力量。

・與過去的印記對話

試著回憶起你與他人以及這個世界的相處方式，是否曾不自覺地用情緒或言語攻擊對方。這些行為雖然在當下似乎是自我保護的反應，但回首過往，我們卻時常對自己的行為感到困惑。這個問題沒有立即的答案，也許永遠都不會有，但重要的不是找到答案，而是回憶本身。這個過程就像是挖掘內心深處的印記，逐漸降低我們的防衛機制。

當孤獨感來臨時，它不再是一種負擔，而是意識的轉化，在這個過程中我們學會了接納自己，包括那些不完美的部分。我們必須理解，即使靜默似乎意味著無所作為，但正是這種靜止狀態，使靈魂意識得以覺醒。

• 在寧靜中綻放的幸福感

外界的喧囂常常淹沒了孤獨蘊含的寧靜力量。要真正體驗並沉浸在這股力量中，需要學習靜心。每日撥出半小時，選擇一個安靜舒適的空間，閉上眼睛，將注意力集中於呼吸的自然節奏。隨著時間的推移，你會注意到思緒如同潮水一般來來去去。不必追逐這些思緒，讓它們自由流動，僅是持續地觀察呼吸。隨著專注的深化，你會漸漸進入深沉的寂靜之中。這份寂靜將萌生一股獨特的意識分離感，它會消融日常生活的不安與焦慮。

隨著練習的拉長，你的意識進入一個安詳而凝止之境，並感受到幸福與合一的狀態，與宇宙共振，與萬物相融。

改變命運，從收攝心靈的混亂開始。保持一份穩定且高頻率的意識狀態，而孤獨正是轉化意識的絕佳境界。

當你在孤獨中找到平靜與幸福，會發現孤獨不再是空虛，而是一種充盈富足感。此時，生命中應有的一切會自然而然地向你靠攏。你的生命將進入更高層次的連結，這是一種與宇宙共鳴的狀態，一個全新的開始。

強效心靈語句　**讓好事自動歸位，輕鬆改寫未來命運**

◆當你喚醒內在的靈魂意識，天命的潛在能力隨之覺醒，你將能夠自主地改變你的命運。

◆透過察覺我們所說出去的話，可以揭示並重塑那些潛藏在我們行為背後的信念，以及趨動命運的動能。

◆ 在與他人溝通時，我們常聽到或不小心說出的「我是為你好」，實際上這句話背後隱含著一種強迫性的意圖和信念。

◆ 不要浪費時間去說服別人，也不要期待他人和世界完全按照我們的方式運作。你才有多餘的心力去改寫神經迴路的架構。

◆ 在評判或期望他人遵循我們的方式之前，讓我們先深呼吸，將注意力轉內心，這是改變未來的關鍵與喚醒靈魂意識的契機。

◆ 在與人互動時，適當的傾聽和保持沉默是最佳的方式。它不僅有助於解開彼此的心理防衛機制，同時，我們還能在過程中逐漸整合與轉化自己的靈魂意識。

◆ 你可以將靜默視為一種靈性的療癒力量，善用它，不僅使我們能夠獲得身心靈的平衡，還能使靈魂感受到宇宙的智慧。

◆ 傾聽的能力之所以重要，首先需要覺察到想要發言、勸說或指正的念頭，這些念頭往往源自對他人的控制欲望，也是內心防衛機制即將啟動的前兆。

◆ 改變他人的執念是改變命運的絆腳石，我們真正需要摒棄的是想要控制他人與世界的心念。當我們意識到這一點時，便開啟了內在覺醒之路。

◆靜默，不僅引導他人敞開心扉，更能深層地淨化我們的靈性。

◆我們無法改變世間的一切，唯有靜觀它、等待它、聆聽它。

◆宇宙並不會拒絕幫助你，真正阻礙的是你自己。唯有放下內心的防衛，才能喚醒改變命運的力量。

◆在生活中遭遇孤獨與無助之際，不妨靜心地陪伴那些不斷湧現的孤獨感並觀察它。你的意識會進入到一種更深層的內在，與之相處越久，意識會顯露出無比的清明和喜樂。

喚醒靈魂原力密咒

我在靜默，追隨天命，喚醒力量，與好運共振。

第10課
尊重靈魂意識界限

在開始第十堂課之前，我想再次提醒你，第八至第十堂課是一個整體架構。我在第八堂課和第九堂課中，強調一個重要但常被忽略的概念：要改變命運並吸引好運，必須先突破自我設限的防衛機制和神經迴路。

第十堂課是更深入的靈性真相，雖然簡單卻蘊含深刻的生命智慧，需要貫徹前兩堂課所教導的技巧與觀念，並將其應用在日常生活中，才能完全理解這堂課的內容。

你將能夠深刻體會到這三堂課所傳達的靈性訊息：尊重每個靈魂意識的界限，是避免其他業力干擾、提升靈魂覺醒，並回歸天命軌跡的關鍵。當你做到這一點時，將有機會發現自己更多的可能性。

辨識靈魂意識界限

我在序言中敘述如何珍惜並滿足於當前生活狀態，並非因為逃避情感糾葛或人際衝突才選擇深居簡出，而是我奉行尊重他人生命自主權的原則，避免干擾他人的靈魂意識邊界。這樣的態度使我能夠全心投入工作與靈修，專注於實現我所期盼的生活，創造我所渴望的未來。將注意力集中在他人的生活上，無論是出於好奇、關心、帶著某種企圖還是評判，或者希望他人按照我們的方式做決定，這種外向的關注不僅會阻礙靈魂的覺醒，日後還可能承受更多的負面情緒和能量。

當你強迫他人接受你的建議時，你也必須承擔他們因依循你的建議而產生的業力果報。同樣地，若你在現實生活或虛擬的網路世界中四處批評他人的觀點，將來你也必須承受這些批評的反噬。近年來，許多網紅因不當言論被炎上，不得不花費大量心力處理過去所說過的話，就是一個明顯的例子。

沉迷於八卦和探聽他人的隱私，不僅會耗費你寶貴的靈能量，還會把你推往與美好生活的反方向。我要再次強調，創造美好的未來，讓生活更美好，需要珍惜你的靈能量。專注於自己的生命，不僅是對自己負責，也是對他人生命的尊重。

我曾在《請問覺醒》中提及靈界導師的教導：「一切在世間發生的事情，它已經在底層世界醞釀許久；如同一杯酒，它是在幽暗密閉的空間裡歷經多時的釀製與發酵。……你要學習的不是去評斷眼前所發生的事情，而是當一件事尚未發生時，你便要從各種跡象去推測它的未來。要當一位觀察力敏銳的靈修人，不要當一名只會批評事件的人。如果一件事情發生，你事先完全未能洞察，發生當下就應該回頭去找源頭，檢視自己對世界的觀察力，而不是評斷已經顯現的事件。」

上述內容其實隱含了一個關鍵要素：真正培養智慧的方法，不在於對已發生事件的評斷，而在於能夠洞察未來的趨勢和跡象。把專注力浪費在無意義的事情上，就是在耗盡你的靈性能量。唯有將專注力集中於有意義且富有啟發性的事物，才能保持靈能量的充盈，進而與宇宙意識達成深層的連結。當我們不再渴望控制他人，並對其生活過度干預時，便能解放那些限制我們思想的枷鎖，讓生命流動自如，與宇宙脈動同步。

對內，我們應該透過自我反思和獨處，專注於內在的靈魂意識；對外，則是要學習放下評判心態，減少對立的念頭，尊重他人的靈魂意識界限。這麼做能防止我們的靈能量過度消耗與流失，讓我們專注於內在的平靜與智慧，進而點燃宇宙意識網上的交點。我們的靈魂將因此獲得更強大的力量，在靈魂意識的神聖空間自在茁壯，與此生的天命軌跡緊密相連，自然吸引屬於我們美好命運的種種奇蹟。

什麼是靈魂意識界限？每個人都有一個屬於自己的內在空間，這個空間就是我們的靈魂意識，它承載著我們此生的生命目的、業力以及應該遵循的神聖旨意。而靈魂意識也像小王子居住的B612星球一樣，這是個極度私密和獨特的領域，由我們內心世界的夢想、記憶、信念和價值觀等元素組成。這個內在空間像一面鏡子，反映出我們隱藏的內在畫面，維繫著我們精神、靈魂與感官之間的關係。

內在空間不僅是我們自由探索與表達自我的神聖私人領域，也是保護我們免受外界的傷害、干擾與影響的心靈防護罩，就如同B612星球對小王子而言，是個人舒適圈、內在探索空間，以及不能與任何人分享的遊樂場。我們可以在這個邊界內自在遨遊，決定向外界透露多少個人內容，這裡是我們的靈魂家園，也是心靈的避風港。

靈魂意識會與外在世界保持一定的距離，以確保內在靈性的和諧。每個人的靈魂意識之間存在著一個肉眼看不見的距離，這一段距離便被稱為靈魂意識界限。如同我們的身體需要個人空間一樣，靈魂亦有著不被侵犯與干擾的界限，而當這個界限受到侵犯與干擾時，人們會感受到威脅和不安。

保留心靈的空間

當一個人感到悲傷、失落或焦慮時，他需要一些時間和空間來處理情緒。如果有人不斷詢問他的感受、給予建議或強迫他分享內心狀態，便可能侵犯他的心靈領域與靈魂意識界限，例如：某人剛失去親人，需要獨處面對悲傷，此時若持續打擾他談論此事，可能讓他更沮喪。

當我們無意中侵犯了個人靈魂的神聖界限，就相當於入侵了他人靈魂意識的領域，人與人之間的糾葛會變得越來越錯綜複雜，長期下來會形成一種共業的連結。這不僅會干擾彼此的靈魂意識的轉化與昇華，同時也會削弱我們的靈能量，使我們失去塑造未來的能力。因此，我們不僅要尊重彼此之間的靈魂意識，更應該尊重這個看似無形卻神聖不可侵犯的靈魂意識界限，避免過度干擾他人靈魂意識的覺醒。

我曾在《請問財富》提到靈界導師的教誨：

每一個人都是活在自己的意識世界當中，必須要靠自己才能突破自己的意識世界。我跟你講過，這世間就好比由許多的圓圈圈所構成。那些圓圈圈代表許多的意識層，不斷地堆疊、不斷地堆疊。每個人就像活在自己的泡泡圓圈圈裡頭，你在你的泡泡世界、我在我的泡泡世界，沒有任何人可以改變你我。我所講的泡泡世界，指的就是思維世界。

你這一生都在創造與架構你自己的泡泡、自己的世界，有一些人的泡泡世界是越來越堅固，有一些泡泡世界則是越來越小，有一些泡泡則是越來越富有彈性。泡泡是透明的，你可以從中去看見外面的世界，而外面的世界也可以看見你，我可以看到你、你可以看到我，你可以看到每一個人，每一個人也都可以看到你，但是，卻沒有人可以看見彼此泡泡的本質。

萬物都需要空間，才能轉化蛻變、孕育智慧。河流、樹木、花朵，因彼此保留適當距離，才能綻放美麗的生命力；音樂亦需寂靜空間，才能傳遞美妙旋律。解決生命困境的洞見與智慧，不在外在世界，而在你內在無數念頭的空隙中自然綻放。當內在失去了空間，便會陷入消沉、墮落，甚至永遠困在無法跳脫的思維裡。小我在一個沒有空間的靈魂意識中打轉，只有保留足夠的心靈空間，才能讓更高層次的宇宙意識注入，昇華成大我。所有的問題、悲傷和絕望，都是因為我們沒有為自己保留一個靈魂意識的空間，同時忽略了保持距離的重要性。

如果你真心渴望改變未來，想要了解如何避免不小心跨越他人靈魂意識的界限，那麼你勢必需要深入閱讀這一堂課。在開始探討這個概念之前，容我先透過一個真實故事來進行說明。

在第九堂課中，我提到了在歐洲旅行時接到朋友來電的故事。他在電話中向我描述了當時發生在他身上的事情，以下稱這位朋友為A君。

A君近年來致力擴展公司業務，而他的同業B君也抱持相同目標。當時，A君遇到了一個對雙方公司未來發展極具利益的合作機會，出於善意主動告知了B君。然而，在新冠肺炎疫情爆發後的三年間，市場陷入通膨和低迷，公司又資金短缺，B君對未來前景感到憂心，再加上B君性格謹慎保守，對這次合作是否能夠為公司帶來收益感到懷疑。相較之下，A君在資金運用和公司管理方面擁有豐富經驗，因此熱心分享自己的知識和資源，希望幫助同業解決困難，共同完成這個合作案。儘管B君最初頗有疑慮，但在A君的熱切勸說下，最終還是妥協了。

然而，雙方投入大筆資金後，結果並不如預期。B君原本期待這次合作能夠帶來豐厚的利潤，疫情爆發後經濟環境惡化、產業鏈大亂，同業訂單大幅減少，他不僅面臨著合作案失敗可能產生的巨額貸款償還壓力，還得處理已經投入的資金問題。在這種情況下，退出已不可能，他只能大幅裁減人員，將在這個案子上的投資比例降到最低，這也讓他承受了極大的身心壓力，幾乎無法再支撐公司的經營。

一日，B君打電話向A君抱怨此事。A君在電話中坦言此案無法如期完成，自己也蒙受重大損失和壓力，然而B君卻隱晦地指責他可能與背後的金主串通一氣。這令A君感到沮喪，當初懷抱希望彼此共富共好的善意，最後卻落到如此的結果。他不禁開始懷疑自己是否錯用了善心，陷入了自我懷疑和自責的困境，久久無法自拔。

聆聽完A君的敘述後，我對他無私地為朋友付出的行為表示敬佩。然而，我也指出他忽略了一個重要生命課題：要尊重每個人獨特的靈魂歷程，不要介入他人靈魂意識的界限。我進一步向他解釋，此次合作是在他不斷勸說下，B君才勉強同意合作，合作期間B君也始終處於不安之中，他在業務經營上已經面臨許多挑戰，再加上這次合作需要大量的資源投入，使他多年來夜不能寐。

最後，我向A君指出，B君的靈魂頻率與此案件並不完全契合，內心一直徬徨，代表此案並非他靈魂目前的生命課題，而這正是問題所在。當案件出現問題時，他無力承受，自然會把怨氣轉嫁到你身上，因為這是你所促成的。簡言之，B君的靈魂意識尚未達到能應對此案的高度，且他的靈能量也不足以應付此案後續的困難，或許這個合作案並不屬於他的天命之一。若將萬物視為能量的顯現，我們可以這樣理解：這個案子的能量可能超過了他靈能量所能承受的範圍。

我接著解釋道：不要過度干預他人的生活與決定。當你想與他人分享一些想法或好事時，如果一開始就明顯感受到對方有些猶豫不決，這時候就是你應該停下來的時候，這代表你正在觸及他人靈魂意識的界限。同樣地，當他人對你有所要求或希望你答應某事時，如果你內心感受到一絲不安，也應該要暫停下來，不要馬上做回應，這是因為對方給予的建議已經觸及到你的靈魂意識界限。每個人都有自己獨特的靈魂軌跡與課題，除非他人主動尋求協助，否則我們無權將自己的觀點強加於他人。我們須謙卑地尊重每個生命的修行之路，只有在對方開放並主動邀請的情況下，才適合分享我們的體悟。

朋友反問，難道我們應該在別人遭遇困難時，選擇冷眼旁觀？我以靈性的角度向他解釋：「在生命的旅途中，我們遇到的每一個挑戰往往與個人的業力相關，而業力就躲藏在靈魂意識深處。深入探索靈魂意識，就像是一個人獨自攜帶著孤獨的火光，勇敢地步入神聖的領域，探尋靈魂的邊界，直面那些隱藏在暗處的不安、焦慮，以及深植於心的習氣和業力。」若對方的靈魂尚未覺醒進入到更高的意識層，我們的協助可能只是在表面上強迫他們按照我們的方式行事，問題最終依然會按照每個人自身的節奏和方向發展。

我們應該尊重每個人的生命歷程，不要憑藉自己的善意，隨意替他人解決生命中的問題，更不應以此理由干預他人的人生。正如西方諺語所言：好意可能導致意想不到的後果，甚至是通往地獄的道路。這句話點出了人性普遍的特質，提醒我們，善意的干預，可能會扭曲彼此原本的生命軌跡。靈性修持的智慧在於學習敬畏生命，尊重每一個靈魂獨立的成長歷程，讓每個人都能順其自然地完成天命旅程。

每一個靈魂都有其獨特的天命，而它是在無數的考驗與困境中建立起來的。靜心聆聽他人的苦難，便是在協助他們召喚天命的降臨。

清理靈魂的業障習氣

在第二堂課中我曾提到：我們的感官未經訓練，很容易被表象所迷惑，錯誤地認為只要用眼睛看或耳朵聽，就能找到解決問題的方法，或者輕易地接受他人的觀點來改變自己的命運。然而，這些外在的資訊往往不過是幻相，如同一面扭曲的鏡子，使我們無法看清真實的情況。

我們常常期望能夠借助他人的建議和經驗，輕鬆解決問題，並改變自己的命運。真相是，即便我們完全遵循他人的建議，最終的結果往往仍不盡人意。原因是，決定命運結果的掌控權在於個人的靈魂意識。無論是跟隨某人的話進場投資股市、房地產，還是聽從命理師、長輩的建議以期改變命運，這些做法往往只是暫時的心理安慰，無法從根本上徹底翻轉命運。要徹底改變自身的命運，必須先從內在清除靈魂的業障習氣，提升生命層次，才能從書本和他人建議中獲得關鍵啟示。反之，若未能清淨自身，業力將阻礙我們接收高層次訊息，無論他人如何開導，都難以真正影響我們的命運。

當你決心要喚醒靈魂意識來處理自己的業力和習氣時，你必須獨自一人持著孤寂之火，踏入神聖的領域。唯有在完全的寂靜中，靈魂才能夠進入這個空間，消解其中的業力。當生命出現困難時，你才能更清楚地看到問題的本質所在，這就是靈魂的轉化。只有讓靈魂轉化至更高層次的意識，你才能夠解決當前困擾你的問題。正如我在第八堂課所說的，不要將逆境視為災厄，也不要將異見視為魔鬼，而是要珍惜，因為它們正是我們成長的關鍵轉折點。

一切事物的發生都遵循著宇宙神聖的支配，因此必須跨出世俗狹隘的角度，從普遍、永恆的視角來看待，並將所發生的事物視為客觀宇宙秩序的一部分。當我們試圖改變他人時，事實上已經侵犯了他人的靈魂意識界限，介入了他人的靈魂成長之路，這不僅無濟於事，更消耗了你的靈能量，導致你無法集中能量與專注力去處理此生的靈魂課題。這樣的相互牽絆和無盡循環，正是我之前所提到的共業。我們常聽人說，最懼怕的是承擔他人的業力。這種觀念何來？實際上，這往往是因為我們企圖介入他人生活，結果反而招致麻煩。

唯有透過孤寂的靜默，進入靈魂意識空間，轉化心靈，提升靈魂意識，方能擺脫業力束縛，解決生命挑戰，而非執意於改變外在環境或聽從他人。這才是通往自由與覺醒的真正之道。

「你的靈魂知道你命運的地理。只有你的靈魂擁有你未來的地圖，因此你可以信任你內在的這個間接、曲折的一面。如果你這麼做，它將帶你去你需要去的地方，更重要的是，它會教你在旅程中保持一種節奏的善良。」詩人與哲學家約翰・歐唐納修（John O'Donohue）曾這麼說。

請記得！我們無法改變任何人。即使是你親近的人，如另一半或孩子，也無法左右他們的命運與未來。請相信，一個人的生命課題取決於他自己靈魂的覺醒程度，即使你盡力勸阻和幫助，如果對方的靈魂尚未真正覺醒，他的生命也不會因為你而改變，這是生命的真相。對方可能為了應付你，或者是為了避免衝突，而做出表面上的讓步和改變，但是在對方沒有改變心態之前，關係和價值觀的衝突仍然存在，這可能會讓你感到失望和疲憊。

經過多年的靈修體悟，我漸漸領會到避免過度介入他人生活的重要性，這能防止自己陷入彼此業障的糾纏。關注自我、不干涉他人，也是我們在現代社會中應學習的生活態度。

每個人都背負著前世的業障，它鑄就了此生的習性、做事方式、思維模式、生活態度、個性特質以及種種難以突破的瓶頸，這些都是我們必須去學習和面對的，只有把它們圓融消解，生活才能保持有序節奏。一旦我們介入別人的生活，就會與他們的業障糾纏不清、互相影響。想想看，我們不但要消化自己的業障，還要分心去扮演他人的「救世主」，這樣一來，我們還剩下多少時間和力量面對自身的問題呢？這就是為什麼有那麼多人一輩子都在命運的泥沼裡掙扎，無法走向富足的根本原因。如果我們不能達到自省自律的境界，又怎能改變現狀，創造自己的未來呢？

就像前言所說，在無數的輪迴中，每一個生命都要透過遵守宇宙運轉的自然法則，才能獲得生命的富足，這並非要你做一個自私的人。相反的，它要求人們學會專注於自身的生命歷程，這樣你就不會影響自己和他人的靈能量。要做到這一點並不容易，我們身處紛亂的人世，扮演著各種角色，在這種情況下，如何保持自己的獨立性和自由度，不受他人的牽制和影響？這正是我想要分享的重點。

從靈修的角度來看，將每個人視為靈魂意識的神聖居所，尊重它的獨立自主存在空間，是我們應該學習的。「靈魂意識邊界」代表每個人內心聖殿的界限，每一個靈魂都將在這個聖殿中得到滋潤與轉化，這是一個神聖而不可侵犯的過程，你必須要敬畏它，而非褻瀆它。如此，才能讓自己的生活更有彈性和平衡，同時也能與他人和諧相處。

劃清彼此的靈魂意識邊界

每個人在生活中都扮演著不同的角色，為了尊重彼此的靈魂意識界限，我想分享三個重要觀念：

第一，不要當別人的救世主，要先成為自己的救贖者。有些人自視甚高，認為自己可以改變他人的命運，甚至可以拯救整個世界，這種現象在宗教界、政治界乃至家庭中都不罕見。人們常常不自覺地對他人說「我的這個宗教更好」、「我的政治立場正確」，或是試圖主宰家人尤其是子女的人生抉擇，然而，這些做法都是不切實際的。

我們應該尊重每個人根據自身意識的抉擇，避免過度干預他人的生命歷程，那是他們過去因果所造就的。我們只需要在這個世界上努力找到自己生命的定位和價值，將更多心力專注於自我的修行和成長方向。要改變命運，關鍵是不要過度干涉他人的選擇，降低外界的干擾，切斷與那些暗黑勢力的連結，將更多心力專注於自身的成長方向和目標。

第二，別再左右他人，而是引導他們自行找到解決問題的方法。當一個人決定跨越心理障礙，向他人坦白自己的困境時，這個過程實際上是他與自己內心的一場對話。他必須與自己的內心溝通，克服那些可能連自己都未曾意識到的恐懼和矛盾，才能鼓起勇氣向他人求助。

每個人的內心深處都有陰影和未圓滿的部分，需要時間去慢慢調和與處理，不是外人一句話就能輕易幫助他們克服的。我們應學會耐心等待，當他們開口求助時，意味著他們已做好準備，願意克服困難，只差最後一步。這時，我們便可以考慮適時伸出援手，幫助他們渡過難關。

第三，耐心等待和接受靜默，其實是對彼此最好的幫助。我們經常誤以為幫助就是要採取實際行動或給予回饋。每當看到他人遭受苦難或即將犯錯時，我們往往會不自覺地伸出援手，想要提供指導。然而，每個人的靈魂深處都擁有發現出路的力量，而最有智慧且不干預他人業力的方式，是耐心等待和默默陪伴。

靜默與陪伴能讓人的靈魂意識進入轉化階段，這是一種強大的力量。每個人此生的課題都是完成自身獨一無二的天命，靈魂覺醒的時機也必然不同，我們無權也無需預設他人該走什麼路。以開放平等之心，營造一個充滿包容與自由的空間，在如此包容的心境中，彼此都可以安心探索自我，不用擔心被評判或強加價值觀。只有在他人真正做好準備尋求協助時，我們才能適時給予同理心的聆聽、啟發性的洞見和建議。在這個過程中，靜默陪伴將是最隱密卻有力的支持。

讓好運自動靠攏的修練法則

如何在不同生活情境中避免干擾自己與他人的靈魂意識邊界？學習說「不」的勇氣以及接受被拒絕的能力是關鍵。這就像為我們的靈魂設立一個防護罩，讓我們有更多空間成長和活化，不僅有助於我們保護自己的靈魂界限，也強化了我們與宇宙意識連結的力量。在這過程中，我們也學會了辨識和整合內在的陰影，透過自我認識和接納，我們能更全面地理解那些被壓抑或忽略的心理狀態，發展出更成熟的自我，讓我們更能清楚識別自己的需求、價值和界限。當我們拒絕時，實際上是在保護自己並宣告界限，同時，學會被拒絕也是認清與尊重他人界限的表現。

以下的幾個方法，可以幫助你有效地拒絕別人，以及接受被拒絕：

- 明確表達意見和感受，建立保護靈魂的防禦機制。每個人的靈魂內都潛藏著一股力量，驅使我們表達自己，釋放內心深處的衝動與欲望。這股力量源於維護我們的靈魂界限，幫助我們完成生命中的課題，並創造一個更美好的未來。直接表達你的立場和感受，不僅反映了你清晰的自我意識，也顯示了你堅定的內在信念。
- 在面對需要拒絕他人時，我們需要學會運用緩衝語言，委婉地表達拒絕，這是一種禮貌，也是保護自己靈魂界限的重要手段。當我們說出像「讓我再考慮一下」、「我現在還需要時間思考」、「我是否需要馬上給你答覆？」這樣的話時，實際上是給自己更多思考和成長的空間。這些簡單的語句不僅有助於激發靈魂的力量，還能讓我們更明確界定靈魂意識的邊界，以保護自己免受外界不當的干擾。
- 在表達我們的幫助意圖時，可以使用更溫和的方式，試探性地詢問對方是否需要協助，這樣可以減少尷尬和不舒服的情況。比如我們可以說：「需要我幫忙嗎？」、「我可以為你做些什麼來幫助你減輕負擔呢？」、「你現在覺得需要協助嗎？」讓對方感受到我們的關心和支持，同時也給了他們自主權，讓他們更容易接受或拒絕我們的幫助。

- 事先設定幫助他人的次數，才是明智之舉。例如：我為自己設下了一個原則：只給予一次主動協助的機會，如果我主動提出幫助被拒絕，我會選擇等待對方主動來尋求幫助。這樣做不僅保護了自己的靈能量，也避免了過度關心可能帶來的負面影響。當然，你也可以根據不同的人和情況，設定不同範圍的界限，這有助於在保持自我舒適的同時，適當地表達自己的善意，但最多不要超過三次。
- 學會尊重他人的隱私，包括宗教信仰、政治立場、性取向、婚姻狀況以及家庭情況等等，是非常重要的。當我們能帶著一顆不好奇、不八卦的心態面對他人的隱私時，才能真正給予對方更多的包容和尊重。尤其是在對方非常需要協助的時候更是如此。在尊重他人隱私的前提下提供幫助，不只是出於善心，更是基於我們對對方需求的理解和尊重，從而營造出一個舒適的人際距離與空間。因此，學會尊重他人的隱私不僅有助於建立良好的人際關係，也能減少被拒絕的可能性。

強效心靈語句 讓好事自動歸位，輕鬆改寫未來命運

◆ 當我們將注意力集中在他人的生活上，無論是出於好奇、關心、帶著某種企圖還是評判，或者希望他人按照我們的方式做決定，這種外向的關注不僅遏止了靈魂的覺醒，日後也可能承擔更多的負面情緒和能量。

◆ 你要學習的不是去評斷眼前所發生的事情，而是當一件事尚未發生時，你便要從各種跡象去推測它的未來。要當一位觀察力敏銳的靈修人，不要當一名只會批評事件的人。

◆ 每個人都有一個屬於自己的內在空間，這個空間就是我們的靈魂意識，它承載著我們此生的生命目的、業力以及應該遵循的神聖旨意。

◆ 每一個人都是活在自己的意識世界當中，必須要靠自己才能突破自己的意識世界。

◆ 我們應該尊重每個人的生命歷程，不要憑藉自己的善意替他人解決生命問題，更不應以此理由干預他人的人生。

◆ 每一個靈魂都有其獨特的天命，而它是在無數的考驗與困境中建立起來的。

- 靜心聆聽他人的苦難，便是在協助他們召喚天命的降臨。
- 要徹底改變命運，必須先從內在清除靈魂的業障習氣，提升生命層次，才能從書本和他人建議中獲得關鍵啟示。
- 唯有透過孤寂的靜默，進入靈魂意識空間，轉化心靈，提升靈魂意識，方能擺脫業力束縛，解決生命挑戰，而非著意於改變外在環境或聽從他人。這才是通往自由與覺醒的真正之道。
- 不要再當別人的救世主，要先成為自己的救贖者。
- 每個人的靈魂深處都擁有發現出路的力量，而最富智慧且不干預他人業力的方式，是以耐心等待和默默陪伴。

喚醒靈魂原力密咒

每個選擇都將美好，不干涉他人選擇，那是他們的業力，我只給予祝福。

第11課　驅散業障迷霧

內在的三股黑暗力量

我們的內心是一面鏡子，反映出我們對世界的看法和感受。即使有指路的燈火，如果被心中的恐懼和迷惘籠罩，我們的方向感也會變得模糊。實際上，阻擋我們成功的通常不是外在因素，而是我們內心的暗黑勢力，它讓我們無法聽見外界的呼喚，也無法接受幫助，達成我們的人生目標。我們都渴望過上更豐富、更美好的生活，但是內心的陰影往往束縛著我們，阻礙我們接收更高頻率的好運能量。因此，若要改變命運，首先需要轉化我們的內心世界。

潛藏在每個人內心深處的暗黑力量包括渴慕、畏縮與故步自封，當我們的靈魂試圖跨越靈魂意識的界限，這些力量便會浮現。它們看似是一種負面能量，實際上卻是自我保護機制的一部分，幫助我們避免更大的傷害或失敗的打擊。

渴慕的人會認真聽取並反思建議，按照指引進行調整並付諸行動。即使他們剛解決了一個問題，當再次遇到新的挑戰，同樣會再尋求幫助，這意味著他們在學習和成長的道路上不斷前進。

畏縮的人似乎會接受建議，但實際上卻未真正採取行動。他們可能因同樣的問題再次尋求幫助，顯示出他們並未真正試圖解決問題。這些人似乎一直困在某種僵化的神經迴路中，不願意跳脫，並不斷找尋藉口來逃避可行的解決方式。

故步自封的人會直接反駁建議，堅持自己的看法。他們可能會告訴你，已經盡力了，但未能找到更好的解決方案。儘管如此，他們仍會持續尋求他人的建議。當這類型的人相信某位命理師或宗教師之後，就會成為最忠實的顧客，即使在過程中內心不斷反駁和抗辯，甚至打從內心不願改變，他們仍然會堅信那些人給予的建議。

當每個人的靈魂跨越彼此的靈魂界限時，以上三種力量便會以不同的反應模式展現在行為上。這些反應往往源自內心對失敗的恐懼，是一種自我保護的本能。每個人對於外在資訊和建議的反應都不盡相同，這正反映出我們靈魂意識的獨特性。雖然渴慕、畏縮與故步自封多數時候是在無意識之下影響著我們，但如果想要打破命運的枷鎖，改寫未來的命運，就應該有意識地正視它們的存在。

在面對挑戰或接受建議時，我們的反應往往來自潛意識的運作，而非理性的多元分析。當我們將過去的經驗用於處理眼前的事務時，神經迴路會不斷循環，使我們陷入相似的思維模式中。這些反應模式無論是接受還是拒絕，皆受制於內在循環的防衛機制。

挑戰的本質是激發我們提出疑問、打破常規、喚醒潛能，以此來創造新的可能，然而過度依賴過往經驗解讀眼前的挑戰，將可能錯失每一次改變未來的機會。這種情況下，挑戰不再能激發我們的成長，反而可能引發衝突、困擾，甚至使我們變得神經緊張。因此，在面對挑戰時，應該打破不斷循環的思維模式，勇於探索未知，才能真正激發出潛能，喚醒靈魂的意識，轉化富足能量，最終改寫未來命運。

聽到建議時，不妨暫時暫時停下腳步，不做任何反應，靜心感知內在對於它的反應模式。唯有如此，才能察覺是何種暗黑力量在阻礙我們做出決定。當意識到這些防衛機制的存在時，我們才能開始逐步超越它們，擺脫過去的束縛，實現個人的成長和進步。

識別是哪股幽暗之力影響著我們對事件的反應，詢問自己：是否有察覺到在面對何種狀況時它們會出現？我們是如何忽視它們的？它們在哪些方面阻礙了我們的發展？

佛教說的「業障蒙蔽」，指的是我們過去生不好的習氣、心性與行為，造就今生在思想以及行為的障礙，帶來各種苦難。由於大多數人都困在自己過去生所種下的負面業力之中，無法達到清淨與寧靜的境界，每當我們面對建議時，內心就會浮現出各種抗拒或質疑的聲音。這些反應可能源自我們過去的經歷和成長環境，在潛意識中形成一種防禦心理，阻礙我們接受新觀點。

如未能清除負面的心性與習氣，就會受到自己的心理障礙和行為後果的束縛，看不見真相，也聽不進別人對我們良善的建議，便容易以負面思維去思考事情。這種心性會讓我們失去信心和動力，也會影響情緒和人際關係。更嚴重則會削弱改變命運的能力，讓我們此生難以見到光明。

這種未清除的負面心性與習氣，往往是我們思維界限形成的原因之一。若未能真正地處理它，它將深深烙印在我們靈魂意識中，潛移默化為負面習性，主宰我們對外界的反應模式。我們會因此在還沒有嘗試之前就覺得沒有希望，不相信自己有能力去改變命運，甚至直接放棄改變生命的機會；即使嘗試掙扎，在心有餘而力不足的情況下，也沒有動力去執行它。正如倉鼠永困滾輪循環之中，我們的思維也被這些心理定勢所限制，難以跨越既有的邊界。

因此，正視並克服這些障礙是我們實現自我突破的必經之路。唯有剷除業力設下的重重障礙，我們才能以清明的意識觀照，並接納來自外界的真知灼見。

我們在童年時期所建立的思維習慣和心理模式，往往會持續影響我們長大後的行為和決策。透過回顧童年的經歷，我們可以更好地理解現在思維上的侷限性。這些思維定式和負面習慣的形成，通常可以追溯到我們成長過程中的環境和經歷。我們童年時期所處的環境，無疑是造成這些思維障礙的重要原因。

釋迦牟尼佛曾說：「你我皆擁有覺性，唯一的差別：我是清醒，而你是沉睡。過去的我與此時的你都曾經沉睡過，此時的我已全然清醒，保持覺知。」在本堂課結尾，我將分享自己如何應對通靈諮詢個案的依賴、逃避責任和抗拒改變等心態。

童年造就的思想限制

如果你仔細觀察現在的生活，並將其與童年時期的經歷、行為模式和思考進行對照，你會意外地發現這三者之間有著密不可分的關係。這些因素深刻影響著我們，同時也影響著改變未來命運的能力。這三者所圍成的範圍稱之為「思維邊界」。思維邊界的意思就是框架、限制。邊界內的內容物就是意識的全部範圍，涉及一切向外的活動。意識屬於命運的一環，是表層現象，沒有任何深意可言。它的中心思想就是「小我」、「自我」。

一般來說，思考框架靈活的人，遇到問題時能夠從多個面向進行分析與處理，並且勇於以創新的方案解決問題，而不依賴過去的經驗或他人的意見。這類人具有以下特質：

- 強烈的好奇心，對新事物充滿探索與摸索的熱情。
- 樂於接受多元的觀點，並以獨創的方式處理事務，不受傳統觀念的約束。
- 喜歡問「為什麼我不能這樣做？」不受過去做法的限制。
- 心態開放包容，能以欣賞的眼光看待文化、民族性、政治和宗教等多樣性，不輕易批判或排斥。

相反地，思考框架狹隘的人在面對問題時，通常需要別人的建議，甚至四處尋求不同的聲音，然而，這並不意味著他們有能力做出決定。有時候他們會原地不動，被眾多的建議困住，反而不敢嘗試新的事物。這類人的特質包括：

- 習慣墨守成規，對冒險和變動心存畏懼。
- 不太願意嘗試新的東西，遇到問題時搖擺不定，缺乏主見，因此經常反駁他人的建議。
- 對於別人提出的良善意見，可能會因為內心的矛盾，而扭曲成另一種觀點，因此有些人認為他們固執，不願接受新的觀念。這樣的思維侷限可能導致其行為缺乏靈活性，抗壓力較低，且更容易出現情緒化的反應。（值得注意的是，絕大部分人的思考框架往往是屬於這一類型。）

命運總是讓人感到神祕而無法捉摸。我們是否真的能改變自己的命運？或者，它已經被預定，我們只是在其中漂流？

真正超越命運絕非從外在尋求，而是內在思維邊界的徹底解放。這需要一種敢於質疑自己的勇氣。克里希那穆提曾說過：「你就是世界。」我們的內在世界與外在世界相互交織，真正的改變命運並不是將外在環境扭轉成我們期待的樣貌，而是改變我們對自己和世界的看法。當我們觀察自己的思維、情感和行為時，將能更清楚地看到自己的命運，這種觀察不是批判，而是超越自我、思維的限制。當我們超越思維框架，投身生命之流，便能找到一種超越命運的自由。

我要告訴你一個事實。在我十多年的通靈諮詢與塔羅牌占卜的經驗中，我發現家人的過度保護，會導致孩子失去社交能力與自我學習力。

有些人因為童年時期受到家人的過度保護，或者曾經遭遇威脅和恐嚇，使得意識像是一座封閉的高聳城牆，隔絕了外界的一切。這讓他們的思考永遠退縮到意識層的角落，無法自由地探索或提升到更高層次的意識。例如：父母在孩子還小時就承擔了他們所有應學習的責任，包括做決定、解決問題、對某些冒險行為（非危險）的偏激解讀，甚至是過度干涉孩子的社交生活。這種過度保護可能會導致孩子在面對困難時，缺乏思考與解決問題的能力。

當這樣的孩子長大之後，他們甚至很難再接受他人的建議。然而，我們也必須承認，父母在孩子初期的教育方面扮演著非常重要的角色，他們可能在不自覺中為孩子的內心築起層層高牆。這些高牆可能源於父母在童年時期未能解決的問題，而這些問題可能會轉化到孩子身上。如果從小就有這種心態，長大之後要扭轉必須耗費相當大的力氣。

關於父母在日常生活潛移默化中如何影響下一代，我的靈界導師提供了富有洞見的解釋：

> 孩子是父母兩個靈魂的精華。每個靈魂除了帶有自身過去的意識來到人世間，同時還融入了父母靈魂的意識。每個靈魂都是由三種不同的意識組成，這些意識共同居住在一個身體中，形成了我們的本質。如果我們想要改變孩子，就必須從源頭著手，而這個源頭中，父親和母親各佔三分之一的比例。因此，當父母希望改變孩子時，首先需要反思自己——在那個三分之一中，自己又付出了多少努力？情感、價值觀和行為都會在孩子的靈魂中留下印記。只有當我們真正理解並改善自己的行為和思想，才能對孩子產生真正的影響，進而促成他們的成長與變化。

臺灣的家庭教育和文化，通常以保守的態度處理人生，因此冒險、挑戰和學習新事物等人格特質，在臺灣人身上比例也最為稀少，這十分令人擔憂。我們寧願讓孩子生活在舒適的環境中，甚至替他們做出看似最好的決定，以避免他們面對挫折。

然而，這樣的做法卻使孩子長大後失去了克服困難和挫折的能力。這就像西方諺語所說：「你不能同時是狐狸和獅子。」

另一方面，長期處在威脅和恐嚇的童年環境中，會對個人的思想產生深遠影響。例如：父母的家暴和爭執，以及在學校和家庭中遭受不合理要求的恐嚇和懲罰，都可能讓人感到恐懼，阻礙思想的自由發展。這些壓力和不安可能限制個人的思維，使其無法以更開闊的視野看待事物。因此，我們應該平衡保護孩子和讓他們經歷挑戰的需求，這是我們必須面對的課題。

我們對未來的恐懼和渴望，會孕育出一股深藏於內心的力量，不斷地塑造著我們的命運。正是這股力量，推動我們尋求改變，尋求突破那些無形的束縛。一方面，我們渴望改變現狀，開創新的人生；但另一方面，我們又對改變懷有恐懼，不願踏出舒適圈。這種內心矛盾往往會讓我們陷入困境，無法真正實現改變。

破除業障迷霧的四個法則

接下來，我將與你分享四個幫你破除業障迷霧的靈性法則。

法則一：首先，你必須承認，自己本身就是不願改變命運的始作俑者。

這句話聽起來或許很矛盾，怎麼可能有人不願意改變命運呢？但是，在我多年的靈性諮詢經驗中，我發現了一個驚人的祕密：許多人在原地打轉、反覆犯錯的主要原因，是因為他們內心對於改變命運這件事情有許多恐懼和不安。改變意味著你要脫離現在的生活環境和習慣。每個人都希望命運更好，但前提是要徹底改變你現在的生活、觀念和思維。

如同前幾堂課中反覆教導的觀念：改變命運需要打破你的價值觀、防衛機制以及神經迴路，這並不是一件容易的事，需要巨大的勇氣和決心，要放棄多年來安全的舒適圈，接受未知的挑戰。這種內在的轉變，是通往更高靈性層次的必經之路。詹姆斯．鮑德溫（James Baldwin）曾說過：「不是所有面對的事情都能改變，但不面對事情絕對無法改變。」承認現實的重要性，唯有正視問題，才能激發出改變的動力。要真正改變命運，首先要先正視你就是不願改變命運的真正主因。唯有承認，才能產生更大的改變動力。

當我們對他人和外在世界感到不滿時，應該坦然承認：是我們自己逃避面對自身缺陷，並且無意間放大了他人的缺點。能夠做到這一點，承認自己是令命運無法改善的始作俑者，就是邁出改變命運的第一步，開啟了靈魂覺醒和釋放業力的旅程。正如我在《請問覺醒》中的提醒：「深埋靈魂底層過去生的惡業，無時無刻伺機而動，你必須保持更敏銳的覺察。」

法則二：當你覺得無力改變生命時，應耐心等待覺醒的那一刻。

我從二十多年靈修經驗中得到的啟示是，當一個人在生活中面臨許多看似無法改變的事情時，唯一能做的是等待內心的覺醒。當你的靈魂充滿力量、隨之覺醒，你便能洞察並解決那些困擾你多年的問題。藏在命運深處的內容物就是意識，意識尚未覺醒時，你所採取的行動仍然是帶著過去經驗的本能反應；意識尚未進入到整合階段，你所做的每一件事情都會顯得支離破碎。這種行為只會不斷地在過去的循環中一再重覆，造成衝突、錯誤和混亂。

如果覺醒的契機尚未到來，無論你付出多大的努力，都可能只是徒勞無功。因此，我們需要學會耐心等待，並相信自己的內心會在最適合的時刻覺醒。將這種狀態想像成一顆等待發芽的種子，只有在吸收到足夠的水分與養分後，才能真正地生根發芽。人的靈魂覺醒也是如此，必須在內在條件成熟、靈能量飽滿時，才可能發生。如果因緣還未具足，尚未感受到生命苦難的催逼，也未真正有力量去改寫生命，就意味著你的靈魂意識還未覺醒。尚未覺醒的靈魂沒有足夠的力量去為生命做出改變，即便神明站在你面前，你也無法改變任何事情。

許多事情的發生都需要因緣，而這種因緣往往需要耐心等待。你可以期待它的發生，但你不能強求它必然會發生。如果你已經意識到自己並不真心想要改變，就必須等待靈魂覺醒的契機到來。我們再將視野放大一點，看看社會上的另一群人——那些持續犯錯卻無法自拔的罪犯，他們明知道自己正走上邪路，卻仍然無法遠離犯罪與監獄，這其實反映了他們尚未真正意識到生命的真諦和意義所在。我們並不需要走到那一步，才開始反思如何改變人生。這個道理有點像禪宗「覺」的概念，即透過不帶批判地內觀，讓更深層的觀照力量浮現。

正如余德慧教授在《宗教療癒與生死超越經驗》中所言：「自然療癒的觀念，讓宇宙複雜的萬物自己去運作，你耐心地等，願意接受未知的東西運作；在這過程中，你的心性隨著它變，也不用談自我轉化、超越，我們把這叫做後現代的自然修行。它沒有修行的形式，或者應該說，是憑你自己可能的方法。」

法則三：避免過度消耗靈魂力量。

改變命運需要強大的內在動力，無論是提升靈魂意識還是轉化個人層次，都需要足夠的力量支撐。就如同冥想靜心，看似只是放空不作為，實則需要專注凝聚內力方能安頓心神。因此，改變命運的關鍵，在於保有並增長自身的靈魂力量，避免它過度流失。

什麼情況會導致靈能量的大量消耗呢？主因有二：一是注意力過度分散，二是情緒失控外洩。現代人的注意力很容易被分散，過度應酬社交、長時間熬夜工作、無節制地放縱情緒、過度關注他人或對他人生活的好奇等行為，都會使你的專注力不斷外溢，靈能量也隨之流失。當專注力不斷從你的內在轉移到外部世界，就會讓你的靈魂意識處於一種空轉狀態。

許多人步入中年後會覺得迷茫無力，不相信自己有能力創造更美好的未來；有些人在老年時，便陷入不斷重複相同生活的呆滯狀態。這往往是因為他們在年輕時，未能妥善管理和避免過度消耗自己的靈能量。

另一大誘因是情緒失控。當你動輒大發雷霆、到處發洩不滿時，你的靈能量就如水庫潰堤般瘋狂外流。如此一來，你的靈魂意識將變得十分紊亂，也會顯得神經質，導致靈魂力量加速流逝。

記住！培養強大的靈魂力量，並驅散內在的陰霾，是實現命運轉折的根本。學會內化情緒，時刻專注在當下，避免能量的外洩和浪費。只有這樣，你才能積聚足夠的能量，並開創全新的人生局面。

法則四：拋開追求完美與醜陋的幻相。

沒有人是全然完美或不完美，因為每個人的內在靈魂都是由眾多意識層構成的。這些意識層如同城堡般，既有美好，也有醜陋的一面。正是這種二元性，使我們得以在這個世間生存與成長。

我的靈界導師曾說過：「善良的靈魂駐足天堂，邪惡的靈魂徘徊地獄，人類靈魂中的多層次靈魂意識，共同編織出了世界的美麗圖景。」當我們看見他人的缺點時，往往是我們內在的缺點放大之後的結果。然而，當我們看到他人美好的那一面時，也不要因此而被蒙蔽雙眼，因為那些美好的一面也都是我們想要追求而渴望的。當你接納並承認自己是由多重靈魂意識構成的獨特個體後，那些阻礙命運的負面習慣和業力便會逐漸削弱，被壓抑和否認的影響力也將消逝無蹤。

我在《靈修訓體與瑜伽的精采對話》曾經提到：「亢達里尼甦醒進入頂輪後，將開啟瑜伽士一連串無可限量的力量與想像力，而亢達里尼也必將伴隨個人的業力與心願。……換言之，亢達里尼甦醒是為了幫助一個人加速完成他在此生的志願，而非如外界所想像：具有飛天通地，移山倒海般的神通力。」這股猛烈的亢達里尼能量，被古老的智慧稱為靈蛇與拙火。

早期的我，不明白為何要承受這般折磨，直到我從古老靈修以及靈界導師的指導，透過調理飲食、淨化，讓身體成為更適合承載這股神聖能量的容器。而靈動、瑜伽的修練，則幫助我梳理體內的能量通道，讓亢達里尼的流動更加順暢。漸漸地，那些令人不安的症狀有了改善，我不再那麼頻繁地被驚醒，內心也逐漸找到了平衡。

某個靜謐的深夜，我躺臥於床，再度感受到那股神祕的能量——亢達里尼，如潮水般在體內湧動，最終在我的心輪處匯聚成一個強大的漩渦。這股力量如此猛烈，幾乎讓我窒息，彷彿胸腔中醞釀著一團蓄勢待發的烈焰。在那瞬間，我目睹了這股能量的顯化：一條源自古老、充滿靈性卻又躁動不安的火蛇。它不僅是古老原始的能量，更是我內心未能轉化殆盡的情感與思緒。自卑、嫉妒、好勝、怨懟、不安……這些破壞性特質，猶如火焰在靈蛇體內流竄、燃燒。

當我再次凝視這內在的火焰，驚訝地發現火中浮現出許多人影，他們都是過往與我生命有著深刻連結的靈魂。有些人曾與我惡言相向，有些人曾承受我憤怒的言語，還有一些僅僅因為我內心的嫉妒而被我暗自仇視。

在這些人影中，我頓悟到一個深刻的真理：那些引發我強烈情緒的事物，往往源於我尚未療癒的意識層面。同時，我也意識到自己並非完人，過去曾在思想、言語或行為方面傷害他人，這些都會在我們的靈魂印記中留下痕跡。

奇妙的是，當我不再迴避，全然接納這一刻的體驗時，我感受到「小我」逐漸消融，取而代之的是一種前所未有的開闊感。我感受到靈魂瞬間被徹底釋放。自那天起，我意外且驚喜地發現，長期困擾我的身心問題逐漸平息，不再干擾我的睡眠。因為徹底接納了自身的陰影面，我的心靈變得更加輕盈通透，專注力也隨之提升。

接納自己的缺陷和不足吧！無論是外在還是內在的，它們都是你生命的一部分。每一個靈魂都在追尋完整，而這完整並非來自外在的完美，而是源於內在的和解與接納。當我們願意照見內在的陰影，並以更高的意識擁抱它們時，便能觸及那份與生俱來的神聖與美好。

當你完全地接受自己的本貌時，生命就會展現出它原有的圓滿和完整，這是生命本身賦予的自我療癒力量。終有一日，靈魂與意識將會合而為一體。屆時，你將擁有強大的靈魂力量和清晰的心智覺照，也將擁有改變命運的能力。

最後，我想回應一開始所提及的問題：在進行通靈諮詢與塔羅牌占卜時，我如何因應渴慕、畏縮與故步自封這三類個案？

細閱本堂課內容，你會清楚了解我們無法改變他人，也不能指望我們的建議就是對方最佳的選擇，這種想法其實是片面而不切實際的。面對過度依賴的個案，我會婉轉地告知他們：或許我們應該中止這種關係，等你做好準備時，歡迎再來尋求幫助。過度依賴外部力量，無助於他們釐清內在世界，要做到這一點，他們必須在現實生活中挑戰自我。

當內在力量不足時，外在世界的訊息反而成為了檢視內心的最佳途徑。透過面對生活中的挑戰來建立自信，變得格外重要。有時，強迫自己接受他人的觀點和做法也可能成為改變命運的一條捷徑。儘管這是一段艱難的旅程，但卻是塑造內心世界的一個關鍵過程。

讓好運自動靠攏的修練法則

在每個人的靈魂深處都有一泓療癒之泉，當我們靜心時，這泓泉水也將靜靜地灌滌你心。你無需向外尋求，因為轉世來到人間時，你早已攜帶了這套完整的自我修復系統。此刻，就讓我為你揭開這個宇宙烙印在你靈魂核心的療癒祕密——無限大符號。當你學會善用它，不僅能舒通僵化的神經元以及神經迴路，更能徹底淨化你的靈魂意識，化解潛藏在心靈幽暗處的暗黑力量，喚醒你內在的神性之光。

無限大符號

首先，閉上眼，靜心感受：是什麼樣的情緒、思緒或性格特質，哪一股力量最令你感到困擾與不安？選擇其一，更為專注地將它放在眼前，細細凝視。

接著，將這一份感受轉化為一個意象或畫面。它可能是一顆飽滿的蘋果、果實、月亮；也許是一條吐信的毒蛇；或是一頭勇猛的獅子。甚至也可以只是一片神祕且黑暗的布幕。不論浮現出什麼都請敞開心扉接納它。專注地凝視這個意象，直到它更為具象化。

最後，維持雙眼閉合，轉動眼珠在內心畫出一個優雅的無限大符號，同時綿長且有韻律的呼吸，沉浸在靜默冥想中。過程中無需給自己下任何指令，也不必對過程或結果做出評判，更不用抱有任何期待。只需專注且持續地重複這個簡單的動作，直到你的困擾在眼前的無限大符號中徹底消失，最終轉化為內心的平和與智慧。當你感到內心平靜，困擾不再時，全身放鬆下來，給自己一個短暫的休息。

強效心靈語句 讓好事自動歸位，輕鬆改寫未來命運

- 你我皆擁有覺性，唯一的差別：我是清醒，而你是沉睡。過去的我與此時的你都曾經沉睡過，此時的我已全然清醒，保持覺知。
- 正如倉鼠永困滾輪循環之中，我們的思維也被這些心理定勢所限制，難以跨越既有的邊界。
- 唯有剷除業力設下的重重障礙，我們才能以清明的意識觀照，並接納來自外界

的真知灼見。

◆當你的靈魂充滿力量、隨之覺醒，你便能洞察並解決那些原本困擾你多年的問題。

◆承認自己是令命運無法改善的始作俑者，就是邁出了改變命運的第一步，展開自我覺醒與自我釋放的歷程。

◆當你完全地接受自己的本貌時，生命就會展現出它原有的圓滿和完整，這是生命本身賦予的自我療癒力量。

◆終有一日，靈魂與意識將會合而為一體。屆時，你將擁有強大的靈魂力量和清晰的心智覺照，也將擁有改變命運的能力。

喚醒靈魂原力密咒

我接受生命的本來面貌，一切不屬於我生命的，都將離我遠去。

第12課
開啟靈性防護罩

這本書的十二堂課是根據古代修行智慧的系統性規劃而來，並非隨意安排。每一堂課旨在引導讀者逐步提升靈魂意識、淨化心靈，並與宇宙意識共振，達成轉變命運的契機。從相信奇蹟到尊重生命，從順應自然到淨化思想，每一步都是通往覺醒與命運轉變的階梯。正因為這個原因，才將這一堂課安排在結尾。在輪迴轉世的旅途中，每個靈魂都遵循著自己的天命，只有當你徹底理解這一理念並嚴格實踐時，才能真正地守護自己的靈魂。

遵循本書的步驟，你將能夠有效地提升你的靈魂意識，進入一個更高的靈性境界。當我們學會保護和珍惜自己的靈魂時，內心的平靜和神性的覺醒將自然而然地顯現，讓好事自動歸位。

什麼是負能量傳播者？

你是否曾被他人的消極情緒所干擾，導致自己的精神和身體就像被掏空，情緒陷入低谷難以自拔？想要提振自我，卻無能為力。每當遇到某些人或事之後，你就會再次回到原來的低迷狀態。如果你有過上述感受，很可能遇到了所謂的「負能量傳播者」。

「業障」一詞在宗教中具有深遠的意涵，它意味著個人在面對內心障礙時無法突破的心性枷鎖。若這些心性進一步影響到他人，我們稱之為「業障深」。經常向他人釋放不滿、抱怨、批評等負面情緒，不僅成為他人心理健康和精神上的重擔，還損害人際關係的人，這種人則視為「業障深厚」，以上這些人即屬於不同層次的「負能量傳播者」。他們失去了平衡靈性能量的力量，無法自我救贖，當負面情緒再次襲捲而來時，不但無力應對，反而將他人也拉進負面情緒的漩渦，周遭因而形成了「負能量重災區」。這群人每天的主要任務就是專門散播負面情緒，並不斷從他人身上吸收正面能量，以維持自身生存的動力。他們之所以如此，往往是因為無法激發智慧和能量來滋養自己的靈魂。

能量並非遙不可及的抽象概念，它由我們的精神體所構成和體現。情緒、感受與思緒都是構成能量振動頻率的元素之一，負面情緒所釋放的就是低頻振動的負能量。負能量的散播者被困在恐懼、憤怒、憎恨等低頻振動的慣性思維模式中，導致外在行為的偏激表現。然而，學習到第十二課的你，應該已經意識到，改變內在狀態是打破這種負面循環的關鍵。

在多年的靈性諮詢過程中，我發現絕大部分個案都有著「負能量傳播者」的特質。請注意，這是對於一群需要不斷從外界獲得能量，來維持靈能量動力的人所做的客觀描述。這些人通常擁有以下四項特徵：

- **喋喋不休：**他們會不斷地向你傾訴對生活、生命、他人的種種不滿，即使已經說過，仍會無止境的一再重複。
- **視而不見：**他們對你的善意建議與安慰視若無睹，反而指責你不夠了解他們、偏袒他人。他們難以接受任何批評或建議，他們堅信自己才是受害者。
- **喜怒無常：**在談話中，他們的情緒總是波動劇烈，一不小心就會觸碰到他們內心深處的創傷。這些人難以承受他人無意中的言語，任何微小的刺激都可能讓他們感到被攻擊和誤解。

- **永遠無辜：**總是把所有錯誤歸咎他人，從未承認自己的過失。他們不斷指責別人，但從不正視自己的問題，甚至會將責任推卸到與他們無關的政治或社會議題上。

也許你會認為上述這些人，是那些缺乏愛、家庭不和諧，或是精神、身心靈有狀況的人。然而，我的靈界導師對於「負能量傳播者」提出了更高維度的見解：一個長期生活在充滿恐懼環境中的人，隨著年齡增長，他無力處理世俗瑣事，靈能量便會逐漸耗損。當那一刻到來，他們便再也無力壓抑長期存在內心的創傷、恐懼等黑暗能量。一旦黑暗力量無法內化，就必須轉化為外顯的攻擊性言語和行為，目的是避免靈魂崩潰和瓦解，這些行為也被外界視為脫序或失常。

當一個人的靈能量耗盡時，便會出現自我傷害的行為——情緒上的自責、自我否認的思維，更甚者是行動上的自殘。如果他們無法自我傷害，這些負面情緒和恐懼便會由內向外爆發，例如：情緒的發洩，或對他人有攻擊性的行為。這一切看似暴力的行徑，都是出自於靈魂的自我保護機制，這正是靈魂神聖之處。

千萬不要以為只有缺乏愛的人才會攻擊他人。實際上，每一個人轉世到人世間，終其一生都在處理和學習如何消除內在的負面情緒、恐懼和黑暗勢力。只有這樣，我們才能真正學會並感受愛的存在。這是一個需要長時間轉化的過程。

具有高度純淨靈性的人，不僅滿懷慈悲之愛，內心更無恐懼負面力量的糾纏。這些人給予外界親切友善的感受，不僅源於愛的存在，更由於他們擁有足夠的靈能量，能夠療癒、修補並轉化藏匿於靈魂深淵的恐懼創傷。故能從容優雅活於當下，不為恐慌所主宰。

那些被視為「負能量傳播者」的人，實際上是在經歷內心黑暗的過程。他們的靈魂正在接受宇宙之光的洗禮，這是一種上天賦予的自我療癒和重生的能力。雖然他們可能表現出負面和攻擊性的情緒或言語，但這只是他們靈魂經歷蛻變和轉化的過程。唯有耐心靜候，這番掙扎與平衡的渴求，必將化作靈魂的重生力量。故此，切勿輕易對之指摘，更不可對其加以貶斥，因為每一靈魂皆有自我修復、恢復平衡、自我療癒的天賦。

尼采認為，在社會和文化的繁重枷鎖下，人們往往無法挖掘並實現自己的真正潛能，他們可能會將自己的不滿和情緒轉嫁到他人身上，以此作為一種滿足自身需求或釋放壓力的方式。這種行為不僅無法解決問題，反而可能導致更多的矛盾和衝突。

人的靈魂如同月亮一般多變，總是存在陰晴圓缺。有時，我們的無意之舉會讓他人感到受傷，只因他們的靈魂無法轉化自身業力、控制負面情緒與思緒。這種情況其實是他們內心對改變命運湧現無助與挫敗，無法掌控自己，試圖透過外部的衝突來發洩內在的壓力。當我們能夠從不同角度看見「負能量傳播者」的內在困境，便能藉此轉化我們的靈魂意識。

說到這裡，或許會讓你聯想到，近年來負能量傳播者的數量急遽增加的原因所在。這些人過往隱藏在社會邊緣，鮮少曝光於大眾視野中，然而隨著社群媒體興盛，他們引起了越來越多人的關注。街頭上突如其來的暴力事件、捷運上的傷人案件，甚至是對陌生人的隨機攻擊，這些以往屬於社會邊緣的個案，現在卻變得愈發頻繁。值得注意的是，絕大多數的加害者本身並沒有精神疾患的病史，當事件發生時，家人和朋友往往感到不解，因為他們從未顯示過類似的傾向。

許多人將這種現象歸咎於臺灣社會，質疑臺灣的教育與家庭是否出了問題。然而，放眼全球新聞，會發現類似的事件頻繁發生，顯示出這是一個全球性的問題，那麼，到底是什麼原因驅使這些人會有如此反常的行為呢？

科技加速負能量傳播

在這個高度科技化的時代，我們依賴各種科技產品，但常忽視它們的潛在負面影響。例如：電磁波、5G和藍光等雖無法直接感知，但對大腦和靈魂意識的干擾不容忽視。已經有大量研究顯示，它們對人的身心健康影響深遠，對青少年和學齡期孩童而言更加嚴重。

正如我之前所提及，神經元對一個人未來有著重大影響。兒童大腦在十三歲前的發育階段具有高度的神經可塑性，長期暴露於高頻電磁波下，可能干擾神經元的正常發育，甚至對其造成損傷，影響學習和認知功能。電磁波會改變神經元的電生理特性，影響訊號傳遞，過度使用科技產品和社交媒體可能導致專注力不集中、情緒反應過度，以及逃避行為。

然而，成年人同樣深受其害。在我們承受著生活壓力和情感負擔的同時，我們對科技產品的依賴也日益加劇，處於科技依賴與靈性追求的矛盾中，靈能量的淨化往往會受到更深層的阻礙，猶如一座無形的屏障，阻隔了靈魂能量和情感的流動，使我們更難以正常表達情感，思緒無法自由流通，最終陷入負面思維和情緒的惡性循環。這些現象不僅影響我們的心理健康，還對靈魂意識的覺醒造成障礙。

儘管如此，我們仍然可以透過調整生活作息和習慣，重新喚醒沉睡的靈性力量，突破負面循環的束縛。這意味著，我們需要有意識地使用科技產品，留出更多時間與自己相伴，深入與自我連結。這樣不僅能幫助我們與宇宙能量建立更深層的連結，也能真正釋放和轉化我們的靈能量。

另一個可能加劇負能量傳播的因素是新冠病毒及其疫苗。在《請問覺醒》這本書中，我的靈界導師曾指出，疫情爆發不僅重創了經濟和人民生命，還在能量層面上對地球和人類帶來了深遠的影響。同時，這場疫情持續了數年，期間所有的正負能量都遭到了嚴重擠壓，猶如火山爆發前的能量積累。長期的能量壓抑勢必會在疫情結束後釋放出來，引發一連串的戰爭與負能量爆發，人類也將面臨長期的負面情緒波動期。

除了能量層面的影響，疫苗本身也可能為人類帶來身心影響。已經有國際研究顯示，接種疫苗的孩童、慢性病患者及中年人，在身心層面都出現了顯著的負面變化，陷入長期低潮、憂鬱或情緒失常，出現大量落髮及斑禿，甚至有部分患者癌症復發或隱性癌症基因被激發，老年人慢性病也有所加重。

負能量的散播者問題不僅僅是身心問題所致。我們應在現實生活中尋找答案，而不僅僅從靈性角度探討，或將一切都歸咎於業力、因果或風水等，也不應一味地想用各種宗教、儀式或身心靈技巧來處理負能量的問題。不妨反思一下，我們和孩子每天有多少時間被這些電磁波、5G和社交媒體所包圍？許多學校已經開始使用**iPad**作為課堂教學工具，我們也經常看到父母讓不到五歲的孩子使用電子產品觀看卡通。這些科技產品是否在孩子的大腦發育尚未完成時，就對其產生了干擾呢？

除此之外，我們還大量地失去與他人、大自然連結的機會。當一個人失去這些連結與互動，他的靈魂就像一朵被玻璃罩住的高貴花朵，最終將枯萎。這些因素或許解釋了當今社會精神問題和負面情緒日益增長的現象。

關於這個問題，我的靈界導師是如此解釋：

萬物之間充滿生命能量的連結，猶如花園中百花盛開，相互滋養。人類亦是如此，靈魂需要情感的交流與互動，才能綻放出最優美的姿態。當人與人之間失去這種連結時，靈魂便如同枯萎的花朵，漸漸凋零衰弱。人是無法單獨存活於世間的，必須透過情感與社會交流才能得以滋養。你必須視靈魂為一片盎然的花園，而你就是這一片花園的園丁，細心呵護與澆灌，花兒才得以盛開。

你無權獨佔靈魂，反而應當懂得與他人分享交流，靈魂之花才得以良好生長，綻放動人的芬芳。如同花朵需要蜂蝶的授粉，人的靈魂亦需要他人的互動與交流。一個人之所以成為負能量的傳播者，是因為他與人失去連結，困在過往的羈絆與無法轉化的情緒中，靈魂便漸漸失去活力。

大自然賦予我們的能量不僅僅是觀賞和使用，它蘊含著源源不絕的生命力，孕育萬物的進化，轉化我們的靈性意識。因此，與大自然緊密連結的人很少成為傳播負能量的媒介，因為他們的負面情緒在大自然中得以淨化。你可以在我所著的《請問覺醒》一書中找到這方面的答案。靈界導師是如此教導：

從古至今，為什麼一些崇尚修行的人，他們的靈魂終將引導他們走入山林間，過著隱士般的生活？那是因為山林具有一種神祕且不被言喻的力量，它對於統攝心性與意念有著莫大的幫助，山林間隱藏許多人類所不知道的祕密。因此，選擇一個僻靜的山林獨處，對於一條靈魂的覺醒是有必要的，尤其是對於那一些修行多年仍然毫無進展的人來說。

今天，我要向世人解說關於山林與靈魂其中的一項祕密。在古代，當有一個人生病時，只要他進入山林間靜靜地待上四十九天，讓靈性、靈魂、身體、感官全然地浸潤在大自然中，靜靜地不被不屬寧靜的事物所干擾，他的身體便進入到某一種神奇的轉化階段，他的病體會完全地痊癒，日後，他不再容易生病，大自然擁有的神祕力量，便是療癒大地與人類身心的力量。這也就是為什麼，我希望你將道場選擇在深山中，而不是高樓大廈裡頭的緣故，讓每一個有心靈修的人走入大自然，藉此修補他們的身心，這是靈修。

承如之前所言，我們生活在一個靈魂互聯互通的世界，彼此的命運緊緊相繫。在深層集體潛意識中，人類的靈魂是緊連在一起的。這種深層連結使人們成為龐大能量網絡的一部分，每個個體都是意識網上的交點。我們的思想、情緒和行為就像漣漪一樣在這之中擴散。因此，即使散發負面情緒和能量的事件與我們個人無直接關係，這些負面能量也會無止盡地擴散開來，在無形中影響著我們的靈魂意識。

我們無法改變他人，但可以從自身做起。減少使用高科技產品，讓孩子多親近大自然、多陪伴他們，如果你希望自身和家庭的未來更加美好，就要發自內心地祈願世界變得更加美好。我們與他人是共存的關係，因此必須從自身做起，讓這份出於良善的靈能量慢慢擴散開來，影響到周遭的環境和其他人。當我們懷抱著正面積極的心念時，這股良善的力量必將回饋到我們的生命中，帶來生命的蛻變。

家庭是最大的負能量重災區

相信正在閱讀本書的你，讀到這裡應該或多或少會將「負能量傳播者」與「冤親債主」產生連結。我們該如何渡化宗教中常提及的累世冤親債主？以及如何確定哪些人就是我們的冤親債主？

首先，我們需要定義什麼是「冤親債主」。在宗教和靈性學說中，冤親債主是指那些因過去世的恩怨情仇，與我們有著深厚業力糾纏的人。可能以各種形式出現在我們的生命中，帶來難以處理的考驗與阻礙。我們是否應該將那些對我們造成干擾的『負能量傳播者』視為我們的冤親債主？我的靈界導師給予的答覆是：「不要過度執著於那些看不見的冤親債主，因為那些與你情感糾纏最深的人，早已在今世來到你生命中，成為最難以割捨的一部分。這些人正是你今生需要處理的情感課題。」

冥冥之中，我們常與那些情感深厚且難以釋懷的人交織在一起。這些冤親債主，不僅僅是前世的羈絆延續至今，更是我們靈性成長中的重要課題。他們以各種方式與我們有所牽絆，教導我們如何在情感的迷宮中找到解脫之道。因此，我們不應將「冤」與「親」視為對立，無論是愛是恨，都是我們此生必須面對的生命課題。

生命中那些令我們難以釋懷、情感糾結的人，無一不是我們所愛的人。他們的存在是在啟示我們提升靈魂意識，成為一名自由的靈魂。不要再為這些人的存在，而陷入某種宿命論或因果迷思。與其被這些關係困住，不如積極反思：我們是否應該調整相處模式？又或者，是時候疏遠某些人，為自己保留更多靈能量呢？

在我從事靈性諮詢多年間，遇過不少被家庭的負能量傳播者所深深束縛的個案，其中一位令我印象深刻。她是一位四十多歲的女性，外表打扮看起來就像個年輕、充滿少女情懷的人，但是她的靈魂似乎未能隨著年齡而成熟。因為父親早逝，她從小就肩負起家庭重擔，成為全家情感與經濟上的支柱，吸收和化解所有人的負面情緒。當我問她是否感到疲憊時，她承認隨著年齡增長開始感到了疲倦。當我問她一生中最渴望得到的是什麼？她突然哭泣，最後說出她也不知道自己真正渴望什麼。

第一次諮詢之後，她預約了第二次會談。在這次深層的靈性對話中，我引導她探索內心深處，尋找她真正渴望的東西。她察覺到，自己似乎不斷地在輪迴裡重演著相同的課題。每一次投胎轉世，她都帶著無比疲憊的靈魂投生到下一世。當我問她：妳認為這就是妳必須歷經的功課嗎？她搖了搖頭，深沉地說道：「我此生的靈魂課題，是認清與釐清家庭中每一個人應該承擔的責任。」

此時，我突然靈光一閃，我詢問道：「那麼，今生的父親早早的離世，對你的人生課題有何影響？」她眼中閃過一絲哀傷，告訴我：「在生命的旅程中，學習如何與長輩，特別是男性長輩相處，成為了我靈魂成長的重要課題。父親的逝世讓我不得不從其他男性長輩那裡尋求力量。然而，這正面臨著我人生的另一大挑戰：我似乎一生都在渴望從男性那裡獲得永遠無法實現的支持與能量。因此，我必須在內心深處找到轉化之道，將這份遺憾化作我所需的智慧與力量。」

最後，我問她：「在這個世界上，妳又該如何面對這個輪迴的課題？」她堅定地回答：「不讓他人的需求成為我靈魂課題的過度負擔。親情、愛情與財富的追求，不應該成為消耗我靈能量的源頭。相反，我必須學習如何與身邊的家人共同成長。」

在靈性諮詢的最後，她問了我一個問題，她該如何完成圓滿輪迴的課題？我無法給她一個確切的答案，但我提醒她：在這個靈魂意識緊密相連的世界裡，人與人之間的分界並不總是那麼明顯。有時候，是我們自己開啟了靈魂大門，無意中邀請了他人進入我們的靈魂深處。我們都應該有意識地打破靈性連結的惡性循環，勇於承擔起自己的責任。這麼做不僅能凝聚我們靈魂的能量，也能幫助那些試圖從我們這裡索取能量的人重新找到自由。

在我們的生活中，無論是家人、同事、伴侶還是孩子，都有可能成為負能量傳播者，然而，這些人卻又是我們生活中不可或缺的一部分。那麼，該如何應對這種情況呢？特別是華人根深蒂固的倫理觀和孝順等價值觀，儘管我們意識到這些人可能給我們帶來心理負擔，但在這些價值觀的框架下，我們似乎無法輕易擺脫這種關係。在這一點上，我想釐清幾個觀念。

走出負能量重災區

首先，每個人都是自己生命的主導者。我們的靈魂意識使我們與其他生物有所不同，因為我們擁有絕對的自由，可以選擇是否繼續與負能量傳播者糾纏，或繼續消耗靈魂的能量。同時，我們也可以選擇超越靈魂業力中不友善的連結，不讓負面情感成為我們無法前進的包袱。

我們需要明確意識到，終止與負能量傳播者的靈魂連結，並不是終止人世間的親情關係。這並不是一個無情的行為，而僅僅是在意識層面上的觀念調整。我們可以自由選擇是否轉變我們的思維，不再讓這些連結束縛著我們。

其次，是自我覺醒與能量保護。有時，我們知道有人在消耗我們的能量，但卻絲毫未感到身心不適。這可能意味著我們靈性尚未覺醒，以致於無法意識到自己靈魂當前的狀態。真正的靈魂覺醒在於我們能夠敏銳地察覺自身靈魂的能量頻率和狀態變化。

提升對靈魂意識的覺知，需要暫時將他人對我們的看法或期待放在一邊，這樣才能更真實、深入地理解自己的靈能量和意識狀態。只有在這樣的基礎上，我們才能判斷是否需要調整自己的能量場，或重新評估與他人的關係。

再則，痛苦帶來的覺醒是一種轉化的契機。人們成為情緒黑洞的主要原因，是我們不忍見到他人，尤其是與我們生命緊密相連的人經歷痛苦。但痛苦其實對我們的靈魂有正面的意義，它是促使靈魂覺醒的催化劑，也是尋求生命改變的最大動力。換句話說，如果我們在對方因苦難而迫切需要展現更強大靈魂力量之前，就滿足他們的需求，實際上我們已經剝奪了他們靈魂成長的機會。

當我們感受到生命、精神和肉體的痛苦時，我們會轉向內在，認同及接受自己的靈魂狀態，這是靈魂覺醒的重要過程。痛苦迫使我們直視生命的本質，超越肉體和表面的束縛。它甚至讓我們看到另一種可能性。在宗教修行中，我們可以看到許多宗教透過身體的苦行和精神的磨練，來喚醒和激發靈魂的能量，從而使神性綻放。這是一種提醒，告訴我們可以主動激發靈性上的覺醒。

最後，靈魂終將走向自由與宇宙和諧。要避免自己以及他人無意中成為負能量的傳播者，就必須承認並接受每一個靈魂最終都會走向自由，與宇宙共振。如此，我們才能真正接納他人的苦難，視之為命定的過程。正如拉瑪那尊者所說：「命中注定的，必然會發生；命中無緣的，再怎麼強求也不會發生。」然而，他接著說了一句非常重要的話：「但是，在這之前，我們必須沉默。」當我們深信這一真理，接受他人和自己都在命運的安排下行走時，我們就不會去阻擋他人接受自身命運，也不會剝奪他人靈魂成長的機會。

每個人都在經歷著屬於自己的一段旅程，有苦有樂、有順有逆，這些都是促使我們覺醒的力量。若我們強加個人意志於他人，不但妨礙了他人的提升，也限制了自己的視野。唯有在沉默中觀省，我們不會阻擋他人接受自己命運的安排，也不會阻擋他們靈魂成長的機會。

成為靈魂意識的規劃師

我們渴望在靈性覺醒下轉動命運，然而可能會遇到一個棘手的問題：當一位與我們關係極為親密的人，不斷地以負能量傳播者身分向我們尋求幫助時，應該無條件地支持他嗎？還是應該為了保護自身的心智健康，設立一些界限，避免被他的負面情緒耗盡靈能量？關於這個問題，我想以我靈界導師的回答作為回應，同時視之為這本書最後一堂課的重要註解：

試想在一個湖泊中心丟入一顆石頭。石頭落水後，在湖面上會形成一系列的漣漪，這些漣漪從中心向外擴散。漣漪的力量會逐漸減弱，最終消失在湖面上。每一個漣漪都經歷這樣的過程。然而，如果沒有石頭落入湖中，就不會有漣漪產生。這個道理你應該能理解。當別人需要我們的幫助時，無論是家人、朋友、親人，或是另一半，我們應該拒絕還是接受呢？這就像在湖泊中丟入一顆石頭所形成的漣漪一樣。你是否希望這份動力不斷擴散？你是否願意讓它持續存在？或者，你是否希望它根本不曾出現在你的生命中？這些全由你自己來決定。如果你不想成為那個投入湖中的石頭，不想讓能量源自你的念頭與行動不斷擴散，那麼這是可以選擇的。所有的行動都是促成事件發生、改變與延伸下去的助力。因此，改變命運的原則是什麼呢？

首先，你必須堅信自己就是命運的主宰者，而不是被動地接受命運的被掌控者。這個邏輯同樣適用於你是否願意無止境地幫助他人。如果你想成為命運的主宰者，改變命運，就要強而有力地不斷相信自己就是命運的主宰者。除此之外的信念都應該排除，不要浪費靈魂能量在不必要的地方。

其次，堅信你是命運的主宰者，也是世界的創造者。你必須決定哪些事物必須在你的生命中出現，就像湖泊中丟入石頭形成的漣漪一樣。你是否希望讓漣漪存在？如果是，你必須毫不猶豫地行動；如果不是，就連留下痕跡的機會都不應該給予。

照顧好自己的心靈和內在，是對自己的靈魂和生命的尊重。體證這一真理，將能幫助我們靈性覺醒。當內心與思緒達到寧靜的狀態，不屬於我們天命的頻率與能量自然會離我們而去，與我們命運相契合的人和機運也會隨之出現，為我們的生活帶來幸福和好運。因此，我們無需刻意成為一個「好人」，而應該成為自己靈魂意識的規劃師，引領自己走向心靈覺醒和生活自由。

讓好運自動靠攏的修練法則

要避免成為一名負能量傳播者，一定要有良好的睡眠品質，睡眠對於靈魂的淨化與覺醒起著至關重要的作用。當我們進入無夢的深層睡眠時，疲憊的身體、紛亂的思緒和不安的心靈將得以完全整合，內在累積的負面能量也被完全釋放。

在我的其他著作中，我的靈界導師大量且詳細解釋了睡眠的重要性：高品質的睡眠對靈魂蛻變意義重大，唯有安詳無夢的深層睡眠，方能使靈魂遁入靈界之一的創造界，領取其中屬於天命的智慧與能量。夢境為現實的投影，同時也是幻象干擾靈魂的管道。唯有無夢之夢，方能窺見真諦實相。

當身心靈在睡眠中恢復完整，活力自然重現，這正是我們靈魂回歸肉體、負能量歸零的美好狀態。宇宙中匯聚著高智慧的能量，會引導我們實現內心的願景，並在創造中賦予我們無限的靈感與力量。想讓靈魂暢遊創造界，無夢的深層睡眠是必要的。若你想改寫命運、創造美好人生，請遵循以下四步驟：

第一：清空房間內所有會干擾你入睡的科技產品、3C產物，它們是阻礙靈魂進入創造界的主要障礙。排除它們後，你的靈魂才能自由進入創造界，從而汲取改變命運和創造美好人生的宇宙能量。

第二：在房間種植綠色植物，能淨化身心靈的雜質與干擾。如虎尾蘭、黃金葛和吊蘭等植物，都有助於排除生活中電磁波與輻射的干擾，並淨化空間，讓你更容易進入平靜的狀態，從而讓靈魂更自由地探索創造界的奧祕。

第三：如果你無法進入深層睡眠，或許分床睡是一個值得考慮的選擇。與伴侶分床睡並不代表情感上的疏離或隔閡，目前有一個最新的名詞「睡眠離婚」，也就是伴侶雙方分開睡的狀態，顯示了希望減少睡眠干擾的伴侶越來越多。靈魂在睡眠中會互相干擾，分床睡不僅能讓你的身心靈得到更好的休息，還能促進清醒時的情感交流，使彼此的關係更加和諧。這樣的安排，有助於每個人都能在夜間恢復活力，並在日常生活中更好地相互支持與理解。

第四：請將臥室視為淨化靈魂的聖地，除卻一切無關物品。除了睡眠功能之外的所有東西，請挪出這個房間，包括雜物、書籍、過多的衣服與棉被等，只留下寧靜與舒適。

只要遵循以上四個步驟，你必能輕鬆進入恬靜的睡眠之境，讓靈魂自由進入創造界，領受富足的能量，重塑美好的未來。

強效心靈語句 讓好事自動歸位，輕鬆改寫未來命運

- 每一個人轉世到人世間，終其一生都在處理和學習如何消除內在的負面情緒、恐懼和黑暗勢力。
- 那些被視為「負能量傳播者」的人，其實是在淨化他們內心的黑暗。他們的靈魂正在接受宇宙之光的洗禮，這是一種上天賦予的自我療癒和重生的能力。
- 我們需要有意識地使用科技產品，留出更多時間與自己相伴，深入與自我連結。這樣不僅能幫助我們與宇宙能量建立更深層的連結，也能真正釋放和轉化我們的靈能量。
- 我們都應該有意識地打破靈性連結的惡性循環，勇於承擔起自己的責任。這麼做不僅能凝聚我們靈魂的能量，也能幫助那些試圖從我們這裡索取能量的人重新找到自由。
- 真正的靈魂覺醒在於我們能夠敏銳地察覺自身靈魂的能量頻率和狀態變化。
- 當我們感受到生命、精神和肉體的痛苦時，我們會轉向內在，認同及接受自己的靈魂狀態，這是靈魂覺醒的重要過程。

◆痛苦迫使我們直視生命的本質，超越肉體和表面的束縛。它甚至讓我們看到另一種可能性。

喚醒靈魂原力密咒

我此生所想所做的每一件事情，都是邁向天命之路。此生所遇的每一條靈魂，都與我有著良善的連結共振。

終章／喚醒天生好命

人們總是對於像我這樣的靈修者有許多刻板印象，認為我們凡事都會請示靈界導師，透過祂所下的指導棋，才讓我們的生命更為美好；或者認為像我一樣具有特殊體質的人，遇到生命困境時總能利用無形的術法來扭轉情勢。然而，這些都是外界在不了解靈修者的情況之下所產生的歧見與想像。事實上，靈界導師和靈修之路帶給我最大的幫助，是來自於觀念上的教導，這才是我能改變命運真正的主因。

在我面對人生的重大抉擇時，我的靈界導師從未直接指引我一條明確的道路。承如你所見，此書中祂對我的教導通常僅止於提供建議，或啟發我從不同角度審視問題的本質，讓我有機會靜心沉思，藉此淬鍊內在的智慧與直覺。

印象中最為深刻的一次經歷，是在第一本書即將出版時，當時書稿已經付梓，我遭遇了網路霸凌，那些無端的指責和誤解讓我感到無比的憤怒和無奈。當時，我用盡各種方式試圖調解，並公開說明事情的真相，但這些努力卻沒有如願解決問題。在這段心靈艱困交迫的時期，靈界導師給了我生命中第一次也是至關重要的指引：

每個人的行為都受到他們自身業力的牽引。今日他對你造成的傷害，他自身亦可能遭受相同的命運。然而，宇宙的秩序終將回歸平衡，加害者也將面對他們行為的後果。在這一切之中，你所能做的，就是全心全意地關注當下，不被思想或行為所困，靜靜地等待時間的流逝，因為命運自有其軌跡。

當時的我無法理解其中的深意。隨著時間流逝，如今回想起靈界導師的教誨，我發現祂所說的確實是真理。那些曾經傷害我的人已隨著時間消失，而我卻在靈魂層次上再度踏上更高的階梯。

我們常常將失敗與挫折無限放大，認為自己無法克服困難，然而我們無法跨越的，實際上只是心中的一道小門檻。誠如靈界導師所說的：

你此生所面對的每一個挑戰，都在你的能力範圍所及。問題並非出在挑戰本身，你應該思考的是，你是否低估了自己的能力。

這段話充滿著強大的力量：既然我們所遇到的一切都在我們的承受範圍之內，那麼我們是否願意再多投入一份額外的努力，去改變自己的命運？當我們真正願意去做這一步時，又有什麼困難是我們無法克服的呢？

這二十多年的靈修旅程中，讓我以更為內斂與收攝的姿態面對自己的生命。當他人對我的觀點提出不同意見時，我通常選擇保持沉默；在日常生活中，溝通上的分歧難以避免，有些人可能會對我持有不同的評價和看法，對此我往往選擇不多加解釋；在與人交往的過程中，我也不會刻意去打探他人的私事。我的日常生活主要集中在處理自己的內心感受上。

我曾經思索過，過於專注內心世界時，是否可能會變得孤立無援，失去與朋友的聯繫，甚至影響經濟來源？深入於內在修練是否會與社交圈漸行漸遠，失去與朋友交流的機會？結果恰恰相反。

經過二十多年的印證，我發現內在的深度修練不僅沒有疏遠朋友，反而幫助我更好地識別並斷除與「負能量散播者」的接觸，更讓我的世界觀更加靈活。這種修練讓我能夠自然地吸引和連結那些與我有共振頻率的友人，在與這些志同道合的朋友相處時也更加親切。這種轉變不僅強化了真摯的友誼，這對心靈的平和大有裨益。

在這個喧鬧的世界裡，能夠維持內心的寧靜與優雅，靈能量越顯得珍貴。它讓我們避免不必要的爭端，還能深刻洞悉事物的本質。因此，與其關注外界對我們的評價，不如專注於培養內心的清淨之地，用一顆純淨的心去觀察這個世界，用智慧和慈悲記錄生命的印記。表面上看似沉默寡言，實則是在人生的旅途中，堅定而有力地邁向精神的至善與至美。

你或許會羨慕我擁有一位靈界導師，以高智慧的言語撫慰了我的心靈，讓我成為一名身心合一的靈修者。然而，你不必有此想法，因為這二十多年來祂對我的指導，都已經被寫進了這本書中。[20]

經過這十二堂課，你會發現一個不變的核心價值：無論世界如何變遷，我們真

20 如果你渴望更深入了解我與我的靈界導師之間的互動，我誠摯地推薦你閱讀我之前的著作，特別是《請問覺醒》、《請問輪迴》和《請問財富》。它們不僅揭示了靈性覺醒的奧祕，還啟發了我們對於財富、生命意義和靈魂轉世有更深層面的思考。

正需要做的是處理自己內心的波動。我們應該讓自己成為世界的中心，不被外界牽引。我們不必疲於追逐他人或試圖改變世界，相反，我們應該穩固地站在自己的位置上，讓生活自然地變得更美好。

當你深入內在探索心靈時，外在世界的喧囂與紛擾似乎變得不再重要。不必對這樣的轉變感到憂慮，因為正是這種內在的專注與深度，使你的每一個決定都顯得更加周到和成熟。這種深思熟慮的行為模式，反而會為你贏得他人的尊重與敬佩。當你深入內心，對未來命運的影響力也會以微妙而強大的方式茁壯，因為你的靈魂意識展現了一種真正的自我控制與智慧的力量。

請記得，只要不踰矩，不做傷天害理之事，生命終將引領我們走向最美好的道路。無論眼前的挑戰有多麼艱難，它們總是在我們所能承受和處理的範圍之內。要讓生活變得更美好，我們唯一需要做的就是處理好自己的內心，讓它變得更自在、安穩和優雅。

同時，對於外界的喧囂，我們應該選擇視而不見、聽而不擾。當你的靈魂意識達到這樣的境界，即使命運沒有立即變得更美好，你的心念也已為將來鋪設了一條美麗的道路。而你的幸福人生，正在那條路上迎接你的到來。

最後，讓我再次提醒你，本書中的十二堂課圍繞著一個主要的靈性原則：**在必要時才動念，在必要時才去看，在必要時才開口，在必要時才去聽。其他時候，請保持靜默**。只有如此，我們才能真正《喚醒天生好命》。

高寶書版集團
gobooks.com.tw

AM 003

喚醒天生好命：啟動靈魂原力的 12 堂課，讓好事自動歸位，輕鬆改寫未來命運

作　　者　宇色 Osel
主　　編　吳珮旻
編　　輯　鄭淇丰
封面設計　林政嘉
內頁排版　賴姵均
企　　劃　陳玟璇
版　　權　張莎凌

發 行 人　朱凱蕾
出　　版　英屬維京群島商高寶國際有限公司台灣分公司
　　　　　Global Group Holdings, Ltd.
地　　址　台北市內湖區洲子街 88 號 3 樓
網　　址　gobooks.com.tw
電　　話　（02）27992788
電　　郵　readers@gobooks.com.tw（讀者服務部）
傳　　真　出版部（02）27990909　行銷部（02）27993088
郵政劃撥　19394552
戶　　名　英屬維京群島商高寶國際有限公司台灣分公司
發　　行　英屬維京群島商高寶國際有限公司台灣分公司
法律顧問　永然聯合法律事務所
初版日期　2024 年 10 月

國家圖書館出版品預行編目（CIP）資料

喚醒天生好命：啟動靈魂原力的 12 堂課，讓好事自動歸位，輕鬆改寫未來命運 / 宇色 (Osel) 著 . -- 初版 . -- 臺北市：英屬維京群島商高寶國際有限公司臺灣分公司，2024.10
　面；　公分

ISBN 978-626-402-114-2(平裝)

1.CST: 靈修　2.CST: 靈魂

192.1　　113015261